한식조리기능사

2024년 최신 출제 기준 **33품목**

한식조리기능사

주명희 이선미 임정임 김경숙 김정숙 황희경 곽정순 지음

실기

오이소박이

솔과학

머리말

　한식 조리의 세계화는 한국 음식의 다양한 맛과 건강에 좋은 재료를 활용함으로, 전 세계적으로 다양한 문화 속에서 인기를 얻고 있습니다. 음식은 문화와 인간의 소통의 일원입니다.

　한식조리기능사 실기 저서의 목적은 학습자들에게 한식 조리 분야에서 필요한 기술, 지식, 및 노하우를 체계적으로 전달하여 조리기능사 자격 취득 및 실무에서의 능력 향상을 도모하는 것입니다.

　이를 통해 한식 조리의 본질과 전통을 이해하며, 효과적인 조리 기술을 습득하고 실무에서 활용할 수 있는 능력을 키우는 데에 초점이 있습니다 .

　또한, 저서는 현장 경험이 풍부한 전문가들의 통찰력과 다양한 사례를 통해 실무적인 측면에서의 풍부한 정보를 제공하여, 독자들이 현장에서 실용적으로 활용할 수 있도록 돕고자 합니다.

　최신 트렌드와 교육 방법론을 반영하여 효과적인 학습 경험을 제공하고, 한식 조리 분야의 전문가로 성장할 수 있는 기반을 마련하는 것이 목적입니다.

　함께 한 순간들이 여러분들의 성장과 성공으로 이어지길 기대하며, 최선의 결과를 얻을 수 있기를 진심으로 응원합니다.

저자일동

한식

조리기능사
실기 33품목

한식 기초조리실무

재료썰기 36

한식 밥 조리

비빔밥 42

콩나물밥 46

한식 죽 조리

장국죽 52

한식 국·탕 조리

완자탕 58

한식 찌개 조리

두부젓국찌개 64

생선찌개 68

한식 전·적 조리

생선전 74

섭산적 78

육원전 82

지짐누름적 86

표고전 90

풋고추전 94

화양적 98

한식 생채·회 조리

겨자채 104

더덕생채 108

 도라지 생채 112
 무 생채 116
 미나리강회 120
 육회 124

한식 조림·초 조리

 두부조림 130
 홍합초 134

한식 구이 조리

 너비아니구이 140
 더덕구이 144

 북어구이 148
 생선양념구이 152
 제육구이 156

한식 숙채 조리

잡채 162

 탕평채 166
 칠절판 170

한식 볶음 조리

 오징어볶음 176

한식 김치 조리

 배추김치 182
 오이소박이 186

국가자격 종목별 상세정보

- 자격명: 한식조리기능사
- 영문명: Craftsman Cook, Korean Food
- 관련부처: 식품의약품안전처시행기관: 한국산업인력공단

※ 과정평가형 자격 취득 가능 종목

- 검정형 자격 시험정보

수수료
- 필기: 14500 원 / - 실기: 26900 원

- 출제경향
- 필기시험의 내용은 고객만족 > 자료실의 출제기준을 참고바랍니다.
- 실기시험은 작업형으로 시행되며 고객만족 > 자료실의 공개문제를 참고바랍니다.
  (※ 요구사항의 내용과 지급된 재료로 과제를 제한시간 내에 만들어 내는 작업으로 주요평가내용은 위생상태 및 안전관리, 조리기술, 작품완성도 등을 평가합니다.)

- 취득방법
  1. 시 행 처: 한국산업인력공단
  2. 관련학과: 대학 및 전문대학의 (외식/호텔/관광)조리학과, 식품영양학과, 가정학과, 고등학교 조리과 등
  3. 시험과목
     - 필기: 한식 재료관리, 음식조리 및 위생관리
     - 실기: 조리작업
  4. 검정방법

- 필기: 객관식 4지 택일형, 60문항(60분)
- 실기: 작업형(70분 정도)

5. 합격기준
   - 필기: 100점을 만점으로 하여 60점 이상
   - 실기: 100점을 만점으로 하여 60점 이상

작업형 실기시험 기본정보

안전등급(safety Level): 4 등급 | 위험 | 경고 | 주의 | 관심

· 시험장소 구분	실내
· 주요시설 및 장비	가스레인지, 칼, 도마 등 조리기구
· 보호구	긴소매 위생복, 앞치마, 안전화(운동화) 등

▶ 보호구(긴소매 위생복, 안전화(운동화) 등) 착용, 정리정돈 상태, 안전사항 등이 채점 대상이 될수 있습니다.
반드시 수험자 지참공구 목록을 확인하여 주시기 바랍니다.

▶ 과정평가형 자격 취득정보

※ 위 자격은 과정평가형으로도 취득할 수 있습니다

- 단, 해당종목을 운영하는 교육훈련기관이 있어야 가능

○ 과정평가형 자격은 국가직무능력표준(NCS)을 기반으로 설계되어 지정된 교육·훈련과정을 충실히 이수한 후, 내·외부평가를 거쳐 일정 합격기준을 충족하는 교육훈련생에게 국가기술자격을 부여하는 제도입니다.

○ 더 자세한 사항은 아래의 링크를 통하여 확인하시기 바랍니다.

과정평가형 자격 홈페이지(CQ-Net) https://c.q-net.or.kr

과정평가형 자격 편성기준 https://c.q-net.or.kr/cont/bbs/cbqOrganStdBbsList.do

공지사항

제목	한식조리기능사 실기시험 신규과제 공개 안내(2024년 적용)				
담당 부서	기술자격 출제실 응용공학 출제부	등록일	2023. 06. 30	최종수정일	2023. 06. 30
첨부파일	24년 신규과제_배추김치 24년 신규과제_오이소박이				

〈 2024년도 한식조리기능사 실기시험 신규 과제 공개 안내〉

○ 2024년부터 시행하게 될 한식조리기능사 신규과제를 아래와 같이 공개하오니 시험준비에 참고하시기 바랍니다.

　- 신규과제 적용시기: 2024년도 상시검정 제1회 실기시험부터

　- 신규과제: 배추김치, 오이소박이(2개 과제) - 붙임 파일 참고

(공개문제는 Q-net 〉 고객지원 〉 자료실 〉 공개문제 〉 종목검색(한식조리기능사)에서도 확인할 수 있습니다.)

※ 공지된 내용의 변경사항이 발생할 경우 수정하여 추후('23년 12월) 재 공지 될 수 있습니다.

출제기준

2023년도 조리기능사 실기시험문제 변경 현황

Ⅰ 조리기능사 공통 변경사항

1. 시험문제 요구사항과 수험자 유의사항의 수정내용 중 단순 맞춤법이나 문장순화를 위한 변경내용은 변경내역에 기록하지 않음을 알려드립니다.
2. 시험문제 수험자 유의사항 실격(채점 대상 제외)사항의 일부 내용이 수정되었습니다.

변경 전	변경 후
마) 구이를 조림 등으로 조리하여 완성품을 요구사항과 다르게 만든 경우	마) 완성품을 요구사항의 과제(요리)가 아닌 다른 요리(예, 달걀말이→달걀찜)로 만든 경우
사) 해당과제의 지급재료 이외 재료를 사용하거나 석쇠 등 요구 사항의 조리기구를 사용하지 않은 경우	사) 해당과제의 지급재료 이외 재료를 사용하거나, 요구사항의 조리기구(석쇠 등)로 완성품을 조리하지 않은 경우
아) 지정된 수험자지참준비물 이외의 조리기구를 조리에 사용한 경우	아) 지정된 수험자지참준비물 이외의 조리기술에 영향을 줄 수 있는 기구를 사용한 경우

3. "위생상태 및 안전관리 세부기준/채점기준" 일부 내용이 수정되었습니다.

준비물	변경 전	변경 후
위생복 하의	• 색상 재질무관, 안전과 작업에 방해가 되지 않는 긴바지	• 색상 재질무관, 안전과 작업에 방해가 되지 않는 발목까지 오는 긴바지

4. 2024년부터 시행하게 될 신규과제에 대한 사전 안내입니다.
➡ 한식조리기능사 '김치조리' 신규과제가 추가될 예정이며, 과제내용은 2023. 06. 30. 큐넷에 공지될 예정입니다.

신규 과제	과제내용 공지 일자 (큐넷)	시행 적용 일자
배추김치, 오이소박이 (2개 과제)	2023. 6. 30.	2024. 1. 1.

➡ 양식/중식/일식/복어조리기능사의 추가 신규과제는 없습니다.

Ⅱ 송목별 변경사항

1. 한식조리기능사

과제 번호	과제명	구분	변경내용 변경 전(2022년)	변경내용 변경 후(2023년)	비고
6	두부 젓국찌개	요구 사항	다. 간은 소금과 새우젓으로 하고, 국물을 맑게 만드시오.	다. 소금과 다진 새우젓의 국물로 간하고, 국물을 맑게 만드시오.	
10	생선 양념구이	요구 사항	나. 유장으로 초벌구이 하고, 고추장 양념으로 석쇠에 구우시오.	나. 칼집 넣은 생선은 유장으로 초벌구이 하고, 고추장양념으로 석쇠에 구우시오	
12	섭산적	요구 사항	(추가)	라. 잣가루를 고명으로 얹으시오.	
17	생선전	요구 사항	(추가)	가. 생선은 세장 뜨기 하여 껍질을 벗겨 포를 뜨시오.	

19	두부조림	요구사항	가. 두부는 0.8cm × 3cm × 4.5cm로 써시오	가. 두부는 0.8cm × 3cm × 4.5cm로 잘라지져서 사용하시오.
20	홍합초	요구사항	나. 홍합은 전량 사용하고, 촉촉하게 보이도록 국물을 끼얹어 제출하시오.	나. 홍합은 데쳐서 전량 사용하고, 촉촉하게 보이도록 국물을 끼얹어 제출하시오.
21	겨자채	요구사항	다. 겨자는 ~, 잣은 고명으로 올리시오.	다. 겨자는~, 통잣을 고명으로 올리시오
25	육회	요구사항	(추가)	나. 배는 0.3cm × 0.3cm × 5cm로 변색되지않게 하여 가장자리에 돌려 담으시오.
26	미나리강회	요구사항	(추가)	다. 달걀은 황백지단으로 사용하시오.

위생상태 및 안전관리 세부기준 안내

순번	구 분	세 부 기 준
1	위생복 상의	• 전체 흰색, 손목까지 오는 긴소매 　- 조리과정에서 발생 가능한 안전사고(화상 등) 예방 및 식품위생(체모 유입방지, 오염도 확인 등) 관리를 위한 기준 적용 　- 조리과정에서 편의를 위해 소매를 접어 작업하는 것은 허용 　- 부직포, 비닐 등 화재에 취약한 재질이 아닐 것, 팔토시는 긴팔로 불인정 • 상의 여밈은 위생복에 부착된 것이어야 하며 벨크로(일명 찍찍이), 단추 등의 크기, 색상, 모양, 재질은 제한하지 않음(단, 핀 등 별도 부착한 금속성은 제외)
2	위생복 하의	• 색상 재질무관, 안전과 작업에 방해가 되지 않는 발목까지 오는 긴바지 　- 조리기구 낙하, 화상 등 안전사고 예방을 위한 기준 적용
3	위생모	• 전체 흰색, 빈틈이 없고 바느질 마감처리가 되어 있는 일반 조리장에서 통용되는 위생모(모자의 크기, 길이, 모양, 재질(면·부직포 등) 은 무관)
4	앞치마	• 전체 흰색, 무릎아래까지 덮이는 길이 　- 상하일체형(목끈형) 가능, 부직포·비닐 등 화재에 취약한 재질이 아닐 것
5	마스크	• 침액을 통한 위생상의 위해 방지용으로 종류는 제한하지 않음 (단, 감염병 예방법에 따라 마스크 착용 의무화 기간에는 '투명 위생 플라스틱 입가리개'는 마스크 착용으로 인정하지 않음)
6	위생화 (작업화)	• 색상 무관, 굽이 높지 않고 발가락·발등·발뒤꿈치가 덮여 안전사고를 예방할 수 있는 깨끗한 운동화 형태

순번	구분	세부기준
7	장신구	• 일체의 개인용 장신구 착용 금지(단, 위생모 고정을 위한 머리핀 허용)
8	두발	• 단정하고 청결할 것, 머리카락이 길 경우 흘러내리지 않도록 머리망을 착용하거나 묶을 것
9	손/손톱	• 손에 상처가 없어야하나, 상처가 있을 경우 보이지 않도록 할 것(시험위원 확인 하에 추가 조치 가능) · 손톱은 길지 않고 청결하며 매니큐어, 인조손톱 등을 부착하지 않을 것
10	폐식용유 처리	• 사용한 폐식용유는 시험위원이 지시하는 적재장소에 처리할 것
11	교차오염	• 교차오염 방지를 위한 칼, 도마 등 조리기구 구분 사용은 세척으로 대신하여 예방할 것 · 조리기구에 이물질(예, 테이프)을 부착하지 않을 것
12	위생관리	• 재료, 조리기구 등 조리에 사용되는 모든 것은 위생적으로 처리하여야 하며, 조리용으로 적합한 것일 것
13	안전사고 발생 처리	• 칼 사용(손 빔) 등으로 안전사고 발생 시 응급조치를 하여야하며, 응급조치에도 지혈이 되지 않을 경우 시험진행 불가
14	부정 방지	• 위생복, 조리기구 등 시험장내 모든 개인물품에는 수험자의 소속 및 성명 등의 표식이 없을 것 (위생복의 개인 표식 제거는 테이프로 부착 가능)
15	테이프 사용	• 위생복 상의, 앞치마, 위생모의 소속 및 성명을 가리는 용도로만 허용

※ 위 내용은 식품안전관리인증기준(HACCP) 평가(심사) 매뉴얼, 위생등급 가이드라인 평가 기준 및 시행상의 운영사항을 참고하여 작성된 기준입니다.

위생상태 및 안전관리에 대한 채점기준 안내

위생 및 안전 상태	채점기준
1. 위생복(상/하의), 위생모, 앞치마, 마스크 중 한 가지라도 미착용한 경우 2. 평상복(흰티셔츠, 와이셔츠), 패션모자(흰털모자, 비니, 야구모자) 등 기준을 벗어난 위생복장을 착용한 경우	실격 (채점대상 제외)
3. 위생복(상/하의), 위생모, 앞치마, 마스크를 착용하였더라도 • 무늬가 있거나 유색의 위생복 상의 위생모 앞치마를 착용한 경우 • 흰색의 위생복 상의 앞치마를 착용하였더라도 부직포, 비닐 등 화재에 취약한 재질의 복장을 착용한 경우 • 팔꿈치가 덮이지 않는 짧은 팔의 위생복을 착용한 경우 • 위생복 하의의 색상, 재질은 무관하나 짧은 바지, 통이 넓은 힙합스타일 바지, 타이츠, 치마 등 안전과 작업에 방해가 되는 복장을 착용한 경우 • 위생모가 뚫려있어 머리카락이 보이거나, 수건 등으로 감싸 바느질 마감 처리가 되어있지 않고 풀어지기 쉬워 일반 조리장용으로 부적합한 경우 4. 이물질(예, 테이프) 부착 등 식품위생에 위배되는 조리기구를 사용한 경우 5. 위생복(상/하의), 위생모, 앞치마, 마스크를 착용하였더라도 • 위생복 상의가 팔꿈치를 덮기는 하나 손목까지 오는 긴소매가 아닌 위생복(팔토시 착용은 긴소매로 불인정), 실험복 형태의 긴가운, 핀 등 금속을 별도 부착한 위생복을 착용하여 세부기준을 준수하지 않았을 경우 • 테두리선, 칼라, 위생모 짧은 창 등 일부 유색의 위생복 상의·위생모·앞치마를 착용한 경우 (테이프 부착 불인정)	'위생상태 및 안전관리' 점수 전체 0점

• 위생복 하의가 발목까지 오지 않는 8부바지 • 위생복(상/하의), 위생모, 앞치마, 마스크에 수험자의 소속 및 성명을 테이프 등으로 가리지 않았을 경우	'위생상태 및 안전관리' 점수 일부 감점
6. 위생화(작업화), 장신구, 두발, 손/손톱, 폐식용유 처리, 안전사고 발생 처리 등 '위생상태 및 안전관리 세부기준'을 준수하지 않았을 경우	
7. '위생상태 및 안전관리 세부기준' 이외에 위생과 안전을 저해하는 기타사항이 있을 경우	

※ 위 기준에 표시되어 있지 않으나 일반적인 개인위생, 식품위생, 주방위생, 안전관리를 준수하지 않았을 경우 감점처리 될 수 있습니다.
※ 수도자의 경우 제복 + 위생복 상의/하의, 위생모, 앞치마, 마스크 착용 허용

2024년 상시검정 한식조리기능사 수험자지참준비물과 개인위생상태 및 안전관리 세부기준 일부 수정사항이 있어 안내드리오니 시험준비에 참고하시기 바랍니다.

구분		추가 및 수정내용
지참준비물	목록	접시, 종지, 볼(bowl), 뒤집개, 집게, 가위
	비고사항	지참준비물 목록에는 없으나 조리에 직접 사용되지 않는 조리 주방용품(예, 수저통 등)은 지참 가능합니다.
개인위생상태 및 안전관리 세부기준		위생복 상의: 긴소매 → 손목까지 오는 긴소매

출제기준(필기)

직무분야	음식서비스	중직무분야	조리	자격종목	한식조리기능사	적용기간	2023. 1. 1. ~ 2025. 12. 31

○ **직무내용:** 한식메뉴 계획에 따라 식재료를 선정, 구매, 검수, 보관 및 저장하며 맛과 영양을 고려하여 안전하고 위생적으로 음식을 조리하고 조리기구와 시설관리를 수행하는 직무이다.

필기검정방법	객관식	문제수	60	시험시간	1시간

필기 과목명	출제 문제수	주요항목	세부항목	세세항목
한식 재료관리, 음식조리 및 위생관리	60	1. 음식 위생관리	1. 개인 위생관리	1. 위생관리기준 2. 식품위생에 관련된 질병
			2. 식품 위생관리	1. 미생물의 종류와 특성 2. 식품과 기생충병 3. 살균 및 소독의 종류와 방법 4. 식품의 위생적 취급기준 5. 식품첨가물과 유해물질
			3. 작업장 위생관리	1. 작업장 위생 위해요소 2. 식품안전관리인증기준 (HACCP) 3. 작업장 교차오염발생요소
			4. 식중독 관리	1. 세균성 및 바이러스성 식중독 2. 자연독 식중독 3. 화학적 식중독 4. 곰팡이 독소
			5. 식품위생 관계 법규	1. 식품위생법령 및 관계법규 2. 농수산물 원산지 표시에 관한 법령 3. 식품 등의 표시 · 광고에 관한 법령

필기 과목명	출제 문제수	주요항목	세부항목	세세항목
			6. 공중 보건	1. 공중보건의 개념 2. 환경위생 및 환경오염 관리 3. 역학 및 질병 관리 4. 산업보건관리
		2. 음식 안전관리	1. 개인안전 관리	1. 개인 안전사고 예방 및 사후 조치 2. 작업 안전관리
			2. 장비 · 도구 안전작업	1. 조리장비 · 도구 안전관리 지침
			3. 작업환경 안전관리	1. 작업장 환경관리 2. 작업장 안전관리 3. 화재예방 및 조치방법 4. 산업안전보건법 및 관련지침
		3. 음식 재료관리	1. 식품재료의 성분	1. 수분 2. 탄수화물 3. 지질 4. 단백질 5. 무기질 6. 비타민 7. 식품의 색 8. 식품의 갈변 9. 식품의 맛과 냄새 10. 식품의 물성 11. 식품의 유독성분
			2. 효소	1. 식품과 효소
			3. 식품과 영양	1. 영양소의 기능 및 영양소 섭취기준
		4. 음식 구매관리	1. 시장조사 및 구매관리	1. 시장 조사 2. 식품구매관리 3. 식품재고관리

필기 과목명	출제 문제수	주요항목	세부항목	세세항목
			2. 검수 관리	1. 식재료의 품질 확인 및 선별 2. 조리기구 및 설비 특성과 품질 확인 3. 검수를 위한 설비 및 장비 활용 방법
			3. 원가	1. 원가의 의의 및 종류 2. 원가분석 및 계산
		5. 한식 기초 조리실무	1. 조리 준비	1. 조리의 정의 및 기본 조리조작 2. 기본조리법 및 대량 조리기술 3. 기본 칼 기술 습득 4. 조리기구의 종류와 용도 5. 식재료 계량방법 6 조리장의 시설 및 설비 관리
			2. 식품의 조리원리	1. 농산물의 조리 및 가공·저장 2. 축산물의 조리 및 가공·저장 3. 수산물의 조리 및 가공·저장 4. 유지 및 유지 가공품 5. 냉동식품의 조리 6. 조미료와 향신료
			3. 식생활 문화	1. 한국 음식의 문화와 배경 2. 한국 음식의 분류 3. 한국 음식의 특징 및 용어
		6. 한식 밥 조리	1. 밥 조리	1. 밥 재료 준비 2. 밥 조리 3. 밥 담기

필기 과목명	출제 문제수	주요항목	세부항목	세세항목
		7. 한식 죽 조리	1. 죽 조리	1. 죽 재료 준비 2. 죽 조리 3. 죽 담기
		8. 한식 국·탕 조리	1. 국·탕 조리	1. 국·탕 재료 준비 2. 국·탕 조리 3. 국·탕 담기
		9. 한식 찌개조리	1. 찌개 조리	1. 찌개 재료 준비 2. 찌개 조리 3. 찌개 담기
		10. 한식 전·적 조리	1. 전·적 조리	1. 전·적 재료 준비 2. 전·적 조리 3. 전·적 담기
		11. 한식 생채·회 조리	1. 생채·회 조리	1. 생채·회 재료 준비 2. 생채·회 조리 3. 생채·담기
		12. 한식 조림·초 조리	1. 조림·초 조리	1. 조림·초 재료 준비 2. 조림·초 조리 3. 조림·초 담기
		13. 한식 구이 조리	1. 구이 조리	1. 구이 재료 준비 2. 구이 조리 3. 구이 담기
		14. 한식 숙채 조리	1. 숙채 조리	1. 숙채 재료 준비 2. 숙채 조리 3. 숙채 담기
		15. 한식 볶음 조리	1 볶음 조리	1. 볶음 재료 준비 2. 볶음 조리 3. 볶음 담기
		16. 김치 조리	1. 김치 조리	1. 김치 재료 준비 2. 김치 조리 3. 김치 담기

출제기준(실기)

직무 분야	음식 서비스	중직무 분야	조리	자격종목	한식조리 기능사	적용 기간	2023. 1. 1. ~ 2025. 12. 31

○ **직무내용:** 한식메뉴 계획에 따라 식재료를 선정, 구매, 검수, 보관 및 저장하며 맛과 영양을 고려하여 안전하고 위생적으로 음식을 조리하고 조리기구와 시설관리를 수행하는 직무이다.

○ **수행준거:**
1. 음식조리 작업에 필요한 위생관련 지식을 이해하고, 주방의 청결상태와 개인위생·식품위생을 관리하여 전반적인 조리작업을 위생적으로 수행할 수 있다.
2. 한식조리를 수행함에 있어 칼 다루기, 기본 고명 만들기, 한식 기초 조리법 등 기본적인 지식을 이해하고 기능을 익혀 조리업무에 활용할 수 있다.
3. 쌀을 주재료로 하거나 혹은 다른 곡류나 견과류, 육류, 채소류, 어패류 등을 섞어 물을 붓고 강약을 조절하여 호화되게 밥을 조리할 수 있다.
4. 곡류 단독으로 또는 곡류와 견과류, 채소류, 육류, 어패류 등을 함께 섞어 물을 붓고 불의 강약을 조절하여 호화되게 죽을 조리할 수 있다.
5. 육류나 어류 등에 물을 많이 붓고 오래 끓이거나 육수를 만들어 채소나 해산물, 육류 등을 넣어 한식 국·탕을 조리할 수 있다.
6. 육수나 국물에 장류나 젓갈로 간을 하고 육류, 채소류, 버섯류, 해산물류를 용도에 맞게 썰어 넣고 함께 끓여서 한식 찌개를 조리할 수 있다.
7. 육류, 어패류, 채소류 등의 재료를 익기 쉽게 썰고 그대로 혹은 꼬치에 꿰어서 밀가루와 달걀을 입힌 후 기름에 지져서 한식 전·적 조리를 할 수 있다.
8. 채소를 살짝 절이거나 생것을 양념하여 생채·회조리를 할 수 있다.

실기검정방법	작업형	시험시간	70분 정도

필기 과목명	주요항목	세부항목	세세항목
한식 조리 실무	1. 음식 위생 관리	1. 개인위생 관리하기	1. 위생관리기준에 따라 조리복, 조리모, 앞치마, 조리안전화 등을 착용할 수 있다 2. 두발, 손톱, 손 등 신체청결을 유지하고 작업수행 시 위생습관을 준수할 수 있다. 3. 근무 중의 흡연, 음주, 취식 등에 대한 작업장 근무수칙을 준수할 수 있다. 4. 위생관련법규에 따라 질병, 건강검진 등 건강상태를 관리하고 보고할 수 있다.
		2. 식품위생 관리하기	1. 식품의 유통기한·품질 기준을 확인하여 위생적인 선택을 할 수 있다. 2. 채소·과일의 농약 사용여부와 유해성을 인식하고 세척할 수 있다. 3. 식품의 위생적 취급기준을 준수할 수 있다. 4. 식품의 반입부터 저장, 조리과정에서 유독성, 유해물질의 혼입을 방지할 수 있다.
		3. 주방위생 관리하기	1. 주방 내에서 교차오염 방지를 위해 조리생산 단계별 작업공간을 구분하여 사용할 수 있다. 2. 주방위생에 있어 위해요소를 파악하고, 예방할 수 있다. 3. 주방, 시설 및 도구의 세척, 살균, 해충·해서 방제작업을 정기적으로 수행할 수 있다. 4. 시설 및 도구의 노후상태나 위생상태를 점검하고 관리할 수 있다. 5. 식품이 조리되어 섭취되는 전 과정의 주방 위생상태를 점검하고 관리할 수 있다. 6. HACCP적용업장의 경우 HACCP관리기준에 의해 관리할 수 있다.

필기 과목명	주요항목	세부항목	세세항목
	2. 음식 안전 관리	1. 개인안전 관리하기	1. 안전관리 지침서에 따라 개인 안전관리 점검표를 작성할 수 있다. 2. 개인안전사고 예방을 위해 도구 및 장비의 정리 정돈을 상시할 수 있다. 3. 주방에서 발생하는 개인 안전사고의 유형을 숙지하고 예방을 위한 안전수칙을 지킬 수 있다. 4. 주방 내 필요한 구급품이 적정 수량 비치되었는지 확인하고 개인 안전 보호 장비를 정확하게 착용하여 작업할 수 있다. 5. 개인이 사용하는 칼에 대해 사용안전, 이동안전, 보관안전을 수행할 수 있다. 6. 개인의 화상사고, 낙상사고, 근육팽창과 골절사고, 절단사고, 전기기구에 인한 전기 쇼크 사고, 화재사고와 같은 사고 예방을 위해 주의사항을 숙지하고 실천할 수 있다. 7. 개인 안전사고 발생 시 신속 정확한 응급조치를 실시하고 재발 방지 조치를 실행할 수 있다.
		2. 장비 도구 안전작업 하기	1. 조리장비·도구에 대한 종류별 사용방법에 대해 주의사항을 숙지할 수 있다. 2. 조리장비·도구를 사용 전 이상 유무를 점검할 수 있다. 3. 안전 장비류 취급 시 주의사항을 숙지하고 실천할 수 있다. 4. 조리장비·도구를 사용 후 전원을 차단하고 안전수칙을 지키며 분해하여 청소할 수 있다. 5. 무리한 조리장비·도구 취급은 금하고 사용 후 일정한 장소에 보관하고 점검할 수 있다. 6. 모든 조리장비·도구는 반드시 목적 이외의 용도로 사용하지 않고 규격품을 사용할 수 있다.
		3. 작업환경 안전관리 하기	1. 작업환경 안전관리 시 작업환경 안전관리 지침서를 작성할 수 있다.

필기 과목명	주요항목	세부항목	세세항목
			1. 조리장비·도구 안전관리 지침
			2. 작업환경 안전관리 시 작업장 주변 정리 정돈 등을 관리 점검할 수 있다.
			3. 작업환경 안전관리 시 제품을 제조하는 작업장 및 매장의 온·습도관리를 통하여 안전사고요소 등을 제거할 수 있다.
			4. 작업장 내의 적정한 수준의 조명과 환기, 이물질, 미끄럼 및 오염을 방지할 수 있다.
			5. 작업환경에서 필요한 안전관리시설 및 안전용품을 파악하고 관리할 수 있다.
			6. 작업환경에서 화재의 원인이 될 수 있는 곳을 자주 점검하고 화재진압기를 배치하고 사용할 수 있다.
			7. 작업환경에서의 유해, 위험, 화학물질을 처리기준에 따라 관리할 수 있다.
			8. 법적으로 선임된 안전관리책임자가 정기적으로 안전교육을 실시하고 이에 참여할 수 있다.
	3. 한식 기초 조리 실무	1. 기본 칼 기술 습득하기	1. 한식 기본양념에 대한 지식을 이해하고 습득할 수 있다.
			2. 한식 고명에 대한 지식을 이해하고 습득할 수 있다.
			3. 한식 기본 육수조리에 대한 지식을 이해하고 습득할 수 있다.
			4. 한식 기본 재료와 전처리 방법, 활용방법에 대한 지식을 이해하고 습득할 수 있다.
		2. 기본 기능 습득하기	1. 식품과 효소

필기 과목명	주요항목	세부항목	세세항목
		3. 기본 조리법 습득하기	1. 한식의 종류와 상차림에 대한 지식을 이해하고 습득할 수 있다. 2. 조리도구의 종류 및 용도를 이해하고 적절하게 사용할 수 있다. 3. 식재료의 정확한 계량방법을 습득할 수 있다. 4. 한식 기본 조리법과 조리원리에 대한 지식을 이해하고 습득할 수 있다.
	4. 한식 밥 조리	1. 밥 재료 준비하기	1. 쌀과 잡곡의 비율을 필요량에 맞게 계량할 수 있다. 2. 쌀과 잡곡을 씻고 용도에 맞게 불리기를 할 수 있다. 3. 부재료는 조리법에 맞게 손질할 수 있다. 4. 돌솥, 압력솥 등 사용할 도구를 선택하고 준비할 수 있다
		2. 밥 조리하기	1. 밥의 종류와 형태에 따라 조리시간과 방법을 조절할 수 있다. 2. 조리 도구, 조리법과 쌀, 잡곡의 재료특성에 따라 물의 양을 가감할 수 있다. 3. 조리도구와 조리법에 맞도록 화력조절, 가열시간 조절, 뜸들이기를 할 수 있다.
		3. 밥 담기	1. 밥에 따라 색, 형태, 분량 등을 고려하여 그릇을 선택할 수 있다. 2. 밥을 따뜻하게 담아낼 수 있다. 3. 조리종류에 따라 나물 등 부재료와 고명을 얹거나 양념장을 곁들일 수 있다.
	5. 한식 죽 조리	1. 죽 재료 준비하기	1. 사용할 도구를 선택하고 준비할 수 있다. 2. 쌀 등 곡류와 부재료를 필요량에 맞게 계량할 수 있다. 3. 곡류를 종류에 맞게 불리기를 할 수 있다. 4. 조리법에 따라서 쌀 등 재료를 갈거나 분쇄 할 수 있다. 5. 부재료는 조리법에 맞게 손질할 수 있다.

필기 과목명	주요항목	세부항목	세세항목
		2. 죽 조리하기	1. 죽의 종류와 형태에 따라 조리시간과 방법을 조절할 수 있다. 2. 조리 도구, 조리법, 쌀과 잡곡의 재료특성에 따라 물의 양을 가감할 수 있다. 3. 조리도구와 조리법, 재료특성에 따라 화력과 가열시간을 조절할 수 있다.
		3. 죽 담기	1. 죽에 따라 색, 형태, 분량 등을 고려하여 그릇을 선택할 수 있다. 2. 죽을 따뜻하게 담아낼 수 있다. 3. 조리종류에 따라 고명을 올릴 수 있다.
	6. 한식 국·탕 조리	1. 국·탕 재료 준비하기	1. 조리 종류에 맞추어 도구와 재료를 준비할 수 있다. 2. 조리에 사용하는 재료를 필요량에 맞게 계량할 수 있다. 3. 재료에 따라 요구되는 전 처리를 수행할 수 있다. 4. 찬물에 육수재료를 넣고 끓이는 시간과 불의 강도를 조절할 수 있다. 5. 끓이는 중 부유물을 제거하여 맑은 육수를 만들 수 있다. 6. 육수의 종류에 따라 적정 온도로 보관할 수 있다.
		2. 국·탕 조리하기	1. 물이나 육수에 재료를 넣어 끓일 수 있다. 2. 부재료와 양념을 적절한 시기와 분량에 맞춰 첨가할 수 있다. 3. 조리 종류에 따라 끓이는 시간과 화력을 조절할 수 있다. 4. 국·탕의 품질을 판정하고 간을 맞출 수 있다.

필기 과목명	주요항목	세부항목	세세항목
		1. 국·탕 담기	1. 국·탕에 따라 색, 형태, 분량 등을 고려하여 그릇을 선택할 수 있다. 2. 국·탕은 조리특성에 따라 적정한 온도로 제공할 수 있다. 3. 국·탕은 국물과 건더기의 비율에 맞게 담아낼 수 있다. 4. 국·탕의 종류에 따라 고명을 활용할 수 있다.
	7. 한식 찌개 조리	1. 찌개 재료 준비하기	1. 조리종류에 따라 도구와 재료를 할 수 있다. 2. 조리에 사용하는 재료를 필요량에 맞게 계량할 수 있다. 3. 재료에 따라 요구되는 전처리를 수행할 수 있다. 4. 찬물에 육수 재료를 넣고 서서히 끓일 수 있다. 5. 끓이는 중 부유물과 기름이 떠오르면 걷어내어 제거할 수 있다. 6. 조리종류에 따라 끓이는 시간과 불의 강도를 조절할 수 있다.
		2. 찌개 조리하기	1. 채소류 중 단단한 재료는 데치거나 삶아서 사용할 수 있다. 2. 조리법에 따라 재료는 양념하여 밑간할 수 있다. 3. 육수에 재료와 양념의 첨가 시점을 조절하여 넣고 끓일 수 있다.
		3. 찌개 담기	1. 찌개에 따라 색, 형태, 분량 등을 고려하여 그릇을 선택할 수 있다. 2. 조리 특성에 맞게 건더기와 국물의 양을 조절할 수 있다. 3. 온도를 뜨겁게 유지하여 제공할 수 있다.
	8. 한식 전·적 조리	1. 전·적 재료 준비하기	1. 전·적의 조리종류에 따라 도구와 재료를 준비할 수 있다. 2. 조리에 사용하는 재료를 필요량에 맞게 계량할 수 있다. 3. 전·적의 종류에 따라 재료를 전 처리하여 준비할 수 있다.

필기 과목명	주요항목	세부항목	세세항목
		2. 전·적 조리하기	1. 밀가루, 달걀 등의 재료를 섞어 반죽 물 농도를 맞출 수 있다. 2. 조리의 종류에 따라 속 재료 및 혼합재료 등을 만들 수 있다. 3. 주재료에 따라 소를 채우거나 꼬치를 활용하여 전·적의 형태를 만들 수 있다. 4. 재료와 조리법에 따라 기름의 종류·양과 온도를 조절하여 지져 낼 수 있다.
		3. 전·적 담기	1. 전·적에 따라 색, 형태, 분량 등을 고려하여 그릇을 선택할 수 있다. 2. 전·적의 조리는 기름을 제거하여 담아낼 수 있다. 3. 전·적 조리를 따뜻한 온도, 색, 풍미를 유지하여 담아낼 수 있다.
	9. 한식 생채·회 조리	1. 생채·회 재료 준비하기	1. 생채·회의 종류에 맞추어 도구와 재료를 준비할 수 있다. 2. 조리에 사용하는 재료를 필요량에 맞게 계량할 수 있다. 3. 재료에 따라 요구되는 전 처리를 수행할 수 있다.
		2. 생채·회 조리하기	1. 양념장 재료를 비율대로 혼합, 조절할 수 있다. 2. 재료에 양념장을 넣고 잘 배합되도록 무칠 수 있다. 3. 재료에 따라 회·숙회로 만들 수 있다.
		3. 생채·회 담기	1. 생채·회에 따라 색, 형태, 분량 등을 고려하여 그릇을 선택할 수 있다. 2. 생채·회의 색, 형태, 분량을 고려하여 그릇에 담아낼 수 있다. 3. 조리종류에 따라 양념장을 곁들일 수 있다.

필기 과목명	주요항목	세부항목	세세항목
	10. 한식 구이 조리	1. 구이 재료 준비하기	1. 구이의 종류에 맞추어 도구와 재료를 준비할 수 있다. 2. 조리에 사용하는 재료를 필요량에 맞게 계량할 수 있다. 3. 재료에 따라 요구되는 전 처리를 수행할 수 있다. 4. 양념장 재료를 비율대로 혼합, 조절할 수 있다. 5. 필요에 따라 양념장을 숙성할 수 있다.
		2. 구이 조리하기	1. 구이종류에 따라 유장처리나 양념을 할 수 있다. 2. 구이종류에 따라 초벌구이를 할 수 있다. 3. 온도와 불의 세기를 조절하여 익힐 수 있다. 4. 구이의 색, 형태를 유지할 수 있다.
		3. 구이 담기	1. 구이에 따라 색, 형태, 분량 등을 고려하여 그릇을 선택할 수 있다. 2. 조리한 음식을 부서지지 않게 담을 수 있다. 3. 구이 종류에 따라 적정 온도를 유지하여 담을 수 있다. 4. 조리종류에 따라 고명으로 장식할 수 있다.
	11. 한식 조림·초 조리	1. 조림·초 재료 준비하기	1. 조림·초 조리에 따라 도구와 재료를 준비할 수 있다. 2. 조리에 사용하는 재료를 필요량에 맞게 계량할 수 있다. 3. 조림·조리의 재료에 따라 전 처리를 수행할 수 있다. 4. 양념장 재료를 비율대로 혼합, 조절할 수 있다. 5. 필요에 따라 양념장을 숙성할 수 있다.

필기 과목명	주요항목	세부항목	세세항목
		2. 조림·초 조리하기	1. 조리종류에 따라 준비한 도구에 재료를 넣고 양념장에 조릴 수 있다. 2. 재료와 양념장의 비율, 첨가 시점을 조절할 수 있다. 3. 재료가 눌어붙거나 모양이 흐트러지지 않게 화력을 조절하여 익힐 수 있다. 4. 조리종류에 따라 국물의 양을 조절할 수 있다.
		3. 조림·초 담기	1. 조림·초에 따라 색, 형태, 분량 등을 고려하여 그릇을 선택할 수 있다. 2. 조리종류에 따라 국물 양을 조절하여 담아낼 수 있다. 3. 조림, 초, 조리에 따라 고명을 얹어 낼 수 있다.
	12. 한식 볶음 조리	1. 볶음 재료 준비하기	1. 볶음조리에 따라 도구와 재료를 준비할 수 있다. 2. 조리에 사용하는 재료를 필요량에 맞게 계량할 수 있다. 3. 볶음조리의 재료에 따라 전 처리를 수행할 수 있다. 4. 양념장 재료를 비율대로 혼합, 조절하여 만들 수 있다. 5. 필요에 따라 양념장을 숙성할 수 있다.
		2. 볶음 조리하기	1. 조리종류에 따라 준비한 도구에 재료와 양념장을 넣어 기름으로 볶을 수 있다. 2. 재료와 양념장의 비율, 첨가 시점을 조절할 수 있다. 3. 재료가 눌어붙거나 모양이 흐트러지지 않게 화력을 조절하여 익힐 수 있다.
		3. 볶음 담기	1. 볶음에 따라 색, 형태, 분량 등을 고려하여 그릇을 선택할 수 있다. 2. 그릇형태에 따라 조화롭게 담아낼 수 있다. 3. 볶음조리에 따라 고명을 얹어 낼 수 있다.

필기 과목명	주요항목	세부항목	세세항목
	13. 한식 숙채 조리	1. 숙채 재료 준비하기	1. 숙채의 종류에 맞추어 도구와 재료를 준비할 수 있다. 2. 조리에 사용하는 재료를 필요량에 맞게 계량할 수 있다. 3. 재료에 따라 요구되는 전처리를 수행할 수 있다.
		2. 숙채 조리 하기	1. 양념장 재료를 비율대로 혼합, 조절할 수 있다. 2. 조리법에 따라서 삶거나 데칠 수 있다. 3. 양념이 잘 배합되도록 무치거나 볶을 수 있다.
		3. 숙채 담기	1. 숙채에 따라 색, 형태, 분량 등을 고려하여 그릇을 선택할 수 있다. 2. 숙채의 색, 형태, 재료, 분량을 고려하여 그릇에 담아낼 수 있다. 3. 조리종류에 따라 고명을 올리거나 양념장을 곁들일 수 있다.
	14. 김치 조리	1. 김치 재료 준비하기	1. 김치의 종류에 맞추어 도구와 재료를 준비할 수 있다. 2. 조리에 사용하는 재료를 필요량에 맞게 계량할 수 있다. 3. 재료에 따라 요구되는 전 처리(절이기 등)를 수행할 수 있다.
		2. 김치 조리 하기	1. 양념장 재료를 비율대로 혼합, 조절할 수 있다. 2. 김치의 특성에 맞도록 주재료에 부재료와 양념의 비율을 조절하여 소를 넣거나 버무릴 수 있다. 3. 김치의 종류에 따라 국물의 양을 조절할 수 있다.
		3. 김치 담기	1. 조리종류와 색, 형태, 분량 등을 고려하여 그릇을 선택할 수 있다. 2. 김치의 색, 형태, 재료, 분량을 고려하여 그릇에 담아낼 수 있다. 3. 김치의 종류에 따라 조화롭게 담아낼 수 있다.

필기 과목명	주요항목	세부항목	세세항목
		3. 김치 담기	1. 조리종류와 색, 형태, 분량 등을 고려하여 그릇을 선택할 수 있다. 2. 김치의 색, 형태, 재료, 분량을 고려하여 그릇에 담아낼 수 있다. 3. 김치의 종류에 따라 조화롭게 담아낼 수 있다.

출/제/기/준

분류번호	1301010120_21v4
능력단위 명칭	한식기초조리실무
능력단위 정의	• 한식 기초조리실무란 한식조리를 수행함에 있어 칼다루기, 기본 고명 만들기, 한식 기초 조리법 등 기본적인 지식을 이해하고 기능을 익혀 조리업무에 활용할 수 있는 능력이다.

능력단위요소	수행준거
1301010120_21v4.1 기본 칼 기술 습득하기	1.1 칼의 종류와 사용용도를 이해할 수 있다. 1.2 기본 썰기방법을 습득할 수 있다. 1.3 조리목적에 맞게 식재료를 썰 수 있다. 1.4 칼을 연마하고 관리할 수 있다.
1301010120_21v4.2 기본 기능 습득하기	2.1 한식 기본양념에 대한 지식을 이해하고 습득할 수 있다. 2.2 한식 고명에 대한 지식을 이해하고 습득할 수 있다. 2.3 한식 기본 육수조리에 대한 지식을 이해하고 습득할 수 있다. 2.4 한식 기본 식재료와 전처리 방법, 활용방법에 대한 지식을 이해하고 습득할 수 있다.

메모

재료썰기

시험시간: **25분**

합격포인트

- 무는 5cm 길이를 맞추어 0.2cm 편썰기를 먼저 한다.
- 당근도 길이와 폭 5 × 1.5cm으로 썰기 한다.
- 오이는 통째 길이 5cm으로 썰어 돌려깎기 한다.
- 지단은 약불에서 기름은 조금만 사용한다.
- 재료를 썰고 바로 완성접시에 세팅한다.

지급재료목록

무 100g
오이(길이 25cm) 1/2개
당근(길이 6cm) 1토막
달걀 3개
식용유 20ml
소금 10g

 ### 요구사항

※ 주어진 재료를 사용하여 다음과 같이 재료 썰기를 하시오.

가. 무, 오이, 당근, 달걀지단을 썰기 하여 전량 제출하시오.
    (단, 재료별 써는 방법이 틀렸을 경우 실격 처리됩니다.)
나. 무는 채썰기, 오이는 돌려깍기하여 채썰기, 당근은 골패썰기를 하시오.
다. 달걀은 흰자와 노른자를 분리하여 알끈과 거품을 제거하고 지단을 부쳐 완자(마름모꼴)모양으로 각 10개를 썰고, 나머지는 채썰기를 하시오.
라. 재료 썰기의 크기는 다음과 같이 하시오.
  1) 채썰기 – 0.2 cm x 0.2 cm x 5 cm
  2) 골패썰기 – 0.2 cm x 1.5 cm x 5 cm
  3) 마름모형 썰기 – 한 면의 길이가 1.5 cm

조리과정

- 무는 5 × 0.2cm로 편썰기 하여 두께 0.2cm로 채썰기 한다.

- 당근은 길이 5 × 1.5cm로 편썰기 하여 두께 0.2cm 골패형으로 썬다.

- 오이는 소금으로 문질러 씻고 길이 5cm로 통으로 자른 다음

- 두께 0.2cm로 돌려깎기 하여 채썰기 한다.

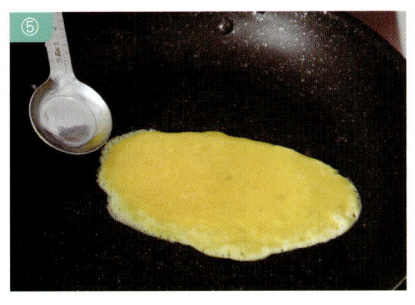

- 달걀은 황, 백으로 분리하여 각각 소금으로 밑간한다. 팬에 식용유를 코팅하고 약불로 하여 노른자부터 지단을 부치고 흰자를 넣어 부친다.

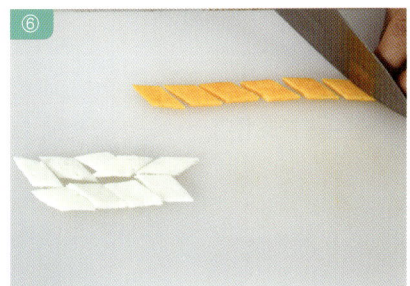

- 지단 너비 1cm 정도 썰어 마름모꼴로 각각 10개씩 자른다.

- 황, 백 지단은 길이 5 × 0.2 × 0.2cm로 채썰기 한다.

- 재료를 자르면서 완성 그릇에 담아 완성한다.

출/제/기/준

분류번호	1301010121_21v4
능력단위 명칭	한식 밥조리
능력단위 정의	• 한식 밥조리란 쌀을 주재료로 하거나 혹은 다른 곡류나 견과류, 육류, 채소류, 어패류 등을 섞어 물을 붓고 불의 강약을 조절하여 호화되게 조리하는 능력이다.

능력단위요소	수행준거
1301010121_21v4.1 밥 재료 준비하기	1.1 쌀과 잡곡의 비율을 필요량에 맞게 계량 할 수 있다. 1.2 쌀과 잡곡을 씻고 용도에 맞게 불리기를 할 수 있다. 1.3 부재료는 조리법에 맞게 손질 할 수 있다. 1.4 돌솥, 압력솥 등 사용할 도구를 선택하고 준비할 수 있다
1301010121_21v4.2 밥 조리하기	2.1 밥의 종류와 형태에 따라 조리시간과 방법을 조절 할 수 있다. 2.2 조리 도구, 조리법과 쌀, 잡곡의 재료특성에 따라 물의 양을 가감 할 수 있다. 2.3 조리도구와 조리법에 맞도록 화력조절, 가열시간 조절, 뜸 들이기를 할 수 있다.
1301010121_21v4.3 밥 담기	3.1 밥에 따라 색, 형태, 분량 등을 고려하여 그릇을 선택할 수 있다. 3.2 밥을 따뜻하게 담아 낼 수 있다. 3.3 조리종류에 따라 나물 등 부재료와 고명을 얹거나 양념장을 곁들일 수 있다.

 # 비빔밥

시험시간: **50분**

합격포인트

- 불린쌀과 물은 1:1 비율로 밥을 안친다.
- 다시마를 약불에서 튀기고 키친 타올로 기름을 제거해준다.
- 밥은 그릇에 둥그렇게 호빵처럼 담아야 나물이 가지런히 담아진다.
- 청포묵은 10초 정도 데친다.

지급재료목록

불린쌀 150g
애호박(길이 6cm)
도라지(찢은 것) 20g
고사리(불린 것) 30g
청포묵(길이 6cm) 40g
쇠고기(살고기) 30g
달걀 1개
건다시마(5X5cm) 1장
고추장 40g, 식용유 30g
대파 4cm 마늘 2쪽
진간장 15ml
설탕 15g
후추가루 1g
참기름 5ml 소금 10g

 ### 요구사항

※ **주어진 재료를 사용하여 다음과 같이 비빔밥을 만드시오.**

가. 채소, 소고기, 황·백지단의 크기는 0.3cm x 0.3cm x 5cm로 써시오.
나. 호박은 돌려깎기하여 0.3cm x 0.3cm x 5cm로 써시오.
다. 청포묵의 크기는 0.5cm x 0.5cm x 5cm로 써시오.
라. 소고기는 고추장 볶음과 고명에 사용하시오.
마. 담은 밥 위에 준비된 재료들을 색 맞추어 돌려 담으시오.
바. 볶은 고추장은 완성된 밥 위에 얹어내시오.

조리과정

- 청포묵을 0.5cm × 0.5cm × 5cm 크기로 썰어 끓는 물에 데쳐서 헹군다.
- 소금 1/3작은술, 참기름 1/2작은술로 밑간한다.

- 밥과 물의 비율은 1:1로 하여 냄비에 안친다.
- 센불에서 끓으면 약불로 낮추고 뜸을 들인다.

- 찢은 도라지는 굵은쪽에 0.3cm × 0.3cm × 5cm 채썰어 .소금에 재워 씻어준다.
- 애호박은 돌려 깎아 0.3cm × 0.3cm × 5cm 크기로 채 썰어 소금에 절여 헹군다.

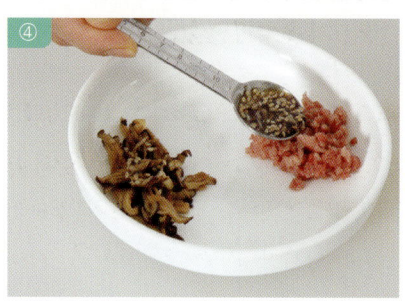

- 소고기는 핏물을 제거하여 4/5 정도는 채썰기 하여 양념한다.
- 1/5은 다져서 약고추장으로 사용한다.
- 고사리는 줄기를 다듬어 5cm 길이로 잘라 양념한다.

고사리, 소고기 양념: 간장 2작은술, 설탕 1작은술, 파, 마늘, 후추가루, 깨소금, 참기름 약간씩 넣어 만든다.

- 달걀은 황, 백지단으로 부쳐 0.2cm × 0.2cm × 5cm로 채썰기 한다.
- 팬에 식용유 3큰술을 첨가하여 다시마를 약불에서 튀겨 키친타올에 기름에 제거해주고 잘게 부순다.

- 팬에 식용유 1큰술을 두르고 애호박 > 도라지 > 고사리 > 고사리 > 쇠고기 순으로 볶는다.

- 팬에 다진 고기를 볶다가 물 2큰술과 고추장 1큰술, 설탕 1작은술을 넣어 **약고추장**을 만든다.

- 그릇에 밥을 담고 볶은 재료를 색을 맞추어 돌려 담는다.
- 재료 위에 약고추장을 담고 다시마 튀각을 올린다.

 # 콩나물밥

시험시간: **30분**

💬 합격포인트

- 밥과 물의 비율은 1:1 로 한다.
- 밥은 센불에서 약불로 바로 낮춘다.
- 쌀-콩나물-양념한 소고기 순으로 올린다.
- 소고기 양념할 때 간장은 1/2작은술만 한다.

지급재료목록　　 **요구사항**

불린쌀 150g
콩나물 60g
소고기 30g
대파(4cm) 1토막
마늘 1쪽
간장 5ml
참기름 5ml

※ **주어진 재료를 사용하여 다음과 같이 콩나물밥을 만드시오.**

　가. 콩나물은 꼬리를 다듬고 소고기는 채썰어 간장양념을 하시오.
　나. 밥을 지어 전량 제출하시오.

조리과정

- 파, 마늘을 다진다.

- 콩나물 꼬리를 제거한다.

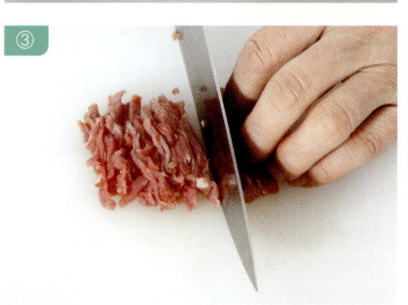

- 소고기는 핏물을 제거하고 5 × 0.2 × 0.2cm 으로 채썰어 양념한다.

- **고기양념:** 파, 마늘, 간장 1/2작은술, 참기름 1/3작은술을 만들어 소고기에 양념한다.

- 냄비에 불린쌀을 계량하여 담는다.

- 쌀 위에 콩나물을 얹고

- 양념한 소고기를 펴서 얹는다.
- 물은 쌀량과 동일하게 계량해서 붓는다.

- 밥이 센불에서 끓으면 바로 약불로 낮추어 뜸을 들이다가 따닥 소리가 나면 불을 끈다.
- 완성된 대접에 밥을 호빵처럼 둥그렇게 담아낸다.

한식
죽 조리

출/제/기/준

분류번호	1301010122_21v4
능력단위 명칭	한식 죽조리
능력단위 정의	• 한식 죽 조리란 곡류 단독으로 또는 곡류와 견과류, 채소류, 육류, 어패류 등을 함께 섞어 물을 붓고 불의 강약을 조절하여 호화시켜 밥 보다 묽은 형태로 조리하는 능력이다.

능력단위요소	수행준거
1301010122_21v4.1 죽 재료 준비하기	1.1 사용할 도구를 선택하고 준비할 수 있다. 1.2 쌀 등 곡류와 부재료를 필요량에 맞게 계량 할 수 있다. 1.3 곡류를 용도에 맞게 불리기를 할 수 있다. 1.4 조리법에 따라서 쌀 등 재료를 갈거나 분쇄 할 수 있다. 1.5 부재료는 조리법에 맞게 손질 할 수 있다.
1301010122_21v4.2 죽 조리하기	2.1 죽의 종류와 형태에 따라 조리시간과 방법을 조절 할 수 있다. 2.2 조리 도구, 조리법, 쌀과 잡곡의 재료특성에 따라 물의 양을 가감 할 수 있다. 2.3 조리도구와 조리법, 재료특성에 따라 화력과 가열시간을 조절할 수 있다.
1301010122_21v4.3 죽 담기	3.1 죽에 따라 색, 형태, 분량 등을 고려하여 그릇을 선택할 수 있다. 3.2 죽을 따뜻하게 담아 낼 수 있다. 3.3 조리종류에 따라 고명을 올릴 수 있다.

 ## 장국죽

시험시간: **30분**

합격포인트

- 쌀은 반 정도로 빻아 싸라기를 만든다.
- 쌀 싸라기는 헹구지 않는다.
- 쌀의 양과 물의 비율은 1:6으로 한다.

지급재료목록

쌀(30분 정도 물에 불린 쌀) 100g 소고기(살코기) 20g
건표고버섯 (지름 5cm, 물에 불린 것) 1개
대파(흰부분 4cm) 1토막
마늘 1쪽
간장 10ml
깨소금 5g
검은후춧가루 1g
참기름 10ml
국간장 10ml

요구사항

※ **주어진 재료를 사용하여 다음과 같이 장국죽을 만드시오.**

가. 불린 쌀을 반 정도로 싸라기를 만들어 죽을 쑤시오.
나. 소고기는 다지고 불린 표고는 3cm의 길이로 채 써시오.

조리과정

- 파, 마늘은 곱게 다져 양념한다.
- 불린 쌀은 물기를 제거하고 대접에 담아 방망이로 싸라기를 만든다.

- 표고버섯은 기둥을 제거하고 얇게 저며 썰어 길이 3cm로 채썰기 한다.

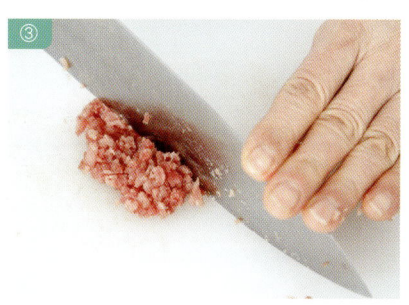

- 고기는 핏물을 제거하고 다진 다음 양념을 한다.

- **고기양념:** 파, 마늘, 간장 1/2작은술, 참기름 1/2작은술, 깨소금, 후추 약간씩

- 냄비에 참기름 1큰술을 두르고 고기를 넣어 볶다가 표고를 넣고 살짝 볶아준 다음 싸라기를 넣어 볶는다.

- 싸라기가 투명해지면 물 1컵을 붓고 끓으면 다시 물 2컵을 붓고 끓인다.
- 죽이 끓으면 약불로 낮추어 중간 중간 저어주면서 거품을 제거해준다.

- 죽을 저었을 때 냄비 바닥이 보이면서 윗면에 수분이 거의 없어지면 국간장 1/2작은술을 넣어 간을 한다.

- 불을 끄고 완성 그릇에 담아 낸다.

출/제/기/준

분류번호	1301010104_21v4
능력단위 명칭	한식 국·탕조리
능력단위 정의	• 한식 국·탕조리란 육류나 어류, 채소류 등에 물을 넉넉히 붓고 오래 끓이거나 육수를 만들어 채소나 해산물, 육류 등을 넣어 조리하는 능력이다.

능력단위요소	수행준거
1301010104_21v4.1 국·탕 재료 준비하기	1.1 조리 종류에 맞추어 도구와 재료를 준비할 수 있다. 1.2 조리에 사용하는 재료를 필요량에 맞게 계량할 수 있다. 1.3 재료에 따라 요구되는 전처리를 수행할 수 있다. 1.4 찬물에 육수재료를 넣고 끓이는 시간과 불의 강도를 조절할 수 있다. 1.5 끓이는 중 부유물을 제거하여 맑은 육수를 만들 수 있다. 1.6 육수의 종류에 따라 적정 온도로 보관할 수 있다.
1301010104_21v4.2 국·탕 조리하기	2.1 물이나 육수에 재료를 넣어 끓일 수 있다. 2.2 부재료와 양념을 적절한 시기와 분량에 맞춰 첨가할 수 있다. 2.3 조리 종류에 따라 끓이는 시간과 화력을 조절할 수 있다. 2.4 국·탕의 품질을 판정하고 간을 맞출 수 있다.
1301010104_21v4.3 국·탕 담기	3.1 국·탕에 따라 색, 형태, 분량 등을 고려하여 그릇을 선택할 수 있다. 3.2 국·탕은 조리특성에 따라 적정한 온도로 제공할 수 있다. 3.3 국·탕은 국물과 건더기의 비율에 맞게 담아낼 수 있다. 3.4 국·탕의 종류에 따라 고명을 활용할 수 있다.

완자탕

시험시간: **30분**

합격포인트

- 고기는 핏물을 제거하고 육수를 만든다.
- 두부는 곱게 으깨어 고기와 1:3 비율로 혼합한다.
- 완자에 밀가루를 묻히고 손바닥으로 굴려준다.
- 팬에 식용유로 코팅을 하고 완자를 익힌다.
- 육수에 완자를 넣어 익힐 때 살짝 끓여야 국물이 맑다.

지급재료목록

소고기 살코기 50g
소고기 사태부위 20g
달걀 1개
대파 흰부분(4cm) 1토막
밀가루 중력분 10g
마늘 중(깐 것) 2쪽
식용유 20ml
소금(정제염) 10g
검은후춧가루 2g
두부 15g
키친타올(종이 18x20cm)
국간장 5g
참기름 5g
깨소금 5g
흰설탕 5g

 ### 요구사항

※ **주어진 재료를 사용하여 다음과 같이 완자탕을 만드시오.**

가. 완자는 지름 3cm로 6개를 만들고, 국 국물의 양은 200ml 이상 제출하시오.
나. 달걀은 지단과 완자용으로 사용하시오.
다. 육수에 완자를 넣고 살짝 끓여야 국물이 맑다.

조리과정

- 사태는 핏물을 제거하고 물 4컵과 대파, 통마늘을 넣어 센불에서 끓으면 중불로 낮추어 끓인다.
- 끓인 후 체와 면포를 이용하여 걸러 내어 소금 1/3작은술, 국간장 2/3작은술을 넣어 연한 보리차색을 맞추어 냄비에 담아둔다.

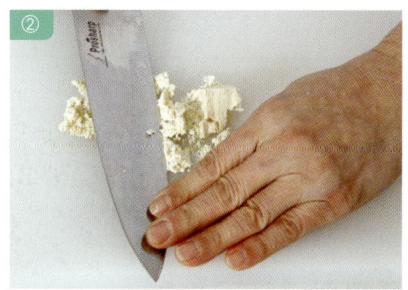

- 파, 마늘은 곱게 다진다.
- 두부는 기계면을 제거하고 면포에 싸서 물기를 제기한 디음 칼등으로 으깬다.
- 소고기 살코기는 핏물을 제거하고 아주 곱게 다진다.

- 다진 고기와 두부(3:1 비율)에 양념을 하여 잘 섞이도록 치대어 준다.

🧂 **양념:** 다진 대파, 다진 마늘, 소금 1/3작은술, 설탕 1/3작은술, 후추가루, 깨소금, 참기름 약간씩 넣어 만든다.

- 달걀은 황, 백으로 분리하여 지단을 부쳐 마름모꼴로 2개씩 썰어 둔다.

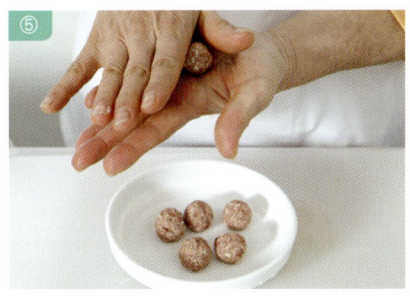

- 양념한 고기는 지름 3cm 동그랗게 빚어 완자 6개를 만든다.

- 완자에 밀가루를 묻히고 양손바닥에 굴러주어 달걀물을 입힌다.

- 팬에 기름을 코팅하고 완자를 넣어 굴리면서 약불에서 익힌다.
- 팬에 달걀물이 묻으면 키친타올로 닦아주면서 완자는 계속 굴려 익힌다.

- 육수가 끓으면 약불로 낮추고 완자를 넣어 살짝 끓여 준다.
- 완성 그릇에 담고 지단 고명을 올린다.

출/제/기/준

분류번호	1301010123_21v4
능력단위 명칭	한식 찌개조리
능력단위 정의	• 한식 찌개조리란 육수나 국물에 장류나 젓갈류로 간을 하고 육류, 채소류, 버섯류, 해산물류를 용도에 맞게 썰어 넣어 함께 끓여내는 능력이다.

능력단위요소	수행준거
1301010123_21v4.1 찌개 재료 준비하기	1.1 조리종류에 따라 도구와 재료를 준비할 수 있다. 1.2 조리에 사용하는 재료를 필요량에 맞게 계량할 수 있다. 1.3 재료에 따라 요구되는 전처리를 수행 할 수 있다. 1.4 찬물에 육수 재료를 넣고 서서히 끓일 수 있다. 1.5 끓이는 중 부유물과 기름이 떠오르면 걷어내어 제거할 수 있다. 1.6 조리종류에 따라 끓이는 시간과 불의 강도를 조절 할 수 있다.
1301010123_21v4.2 찌개 조리하기	2.1 채소류 중 단단한 재료는 데치거나 삶아서 사용할 수 있다. 2.2 조리법에 따라 재료는 양념하여 밑간할 수 있다. 2.3 육수에 재료와 양념의 첨가 시점을 조절하여 넣고 끓일 수 있다.
1301010123_21v4.3 찌개 담기	3.1 찌개에 따라 색, 형태, 분량 등을 고려하여 그릇을 선택할 수 있다. 3.2 조리 특성에 맞게 건더기와 국물의 양을 조절할 수 있다. 3.3 온도를 뜨겁게 유지하여 제공할 수 있다.

두부젓국찌개

시험시간: **20분**

합격포인트

- 마늘은 아주 곱게 다진다.
- 홍고추는 길이로 썬다.
- 두부를 자르고 한번 헹궈 사용하면 국물이 맑고 깨끗하다.
- 완성 그릇에 담을 때 국물 찌꺼기는 담지 않는다.
- 찌개에 참기름은 한방울만 넣는다.

지급재료목록

두부 100g
생굴(껍질 벗긴 것) 30g
실파 20g
홍고추(생) 1/2개
새우젓 10ml
마늘 1쪽
참기름 5ml
소금 5g

 ### 요구사항

※ **주어진 재료를 사용하여 다음과 같이 두부젓국찌개를 만드시오.**

가. 두부는 2cm x 3cm x 1cm로 써시오.
나. 홍고추는 0.5cm x 3cm, 실파는 3cm 길이로 써시오.
다. 소금과 다진 새우젓의 국물로 간하고, 국물을 맑게 만드시오.
라. 찌개의 국물은 200mL 이상 제출하시오.

조리과정

- 생굴은 소금물에 흔들어 씻어 불순물을 제거해준다.

- 마늘은 아주 곱게 다진다.
- 두부는 2 × 3 × 1cm로 썬다.

- 홍고추는 길이로 반을 갈라 씨를 제거하고 길이 3cm, 폭 0.5cm 크기로 썬다.
- 실파는 3cm 길이로 썬다.

- 새우젓은 다져 면포에 짜서 젓국만 준비한다.

- 냄비에 물 2컵, 소금 1/3작은술, 새우젓 1작은술, 다진 마늘을 넣고 끓으면 두부를 넣는다.

- 찌개가 끓으면 굴을 넣고 거품을 제거해 준다.

- 실파와 홍고추를 넣고 참기름 1/5작은술(한방울) 넣고 불을 끈다.

- 완성 그릇에 담을 때 밑에 깔아 앉은 다진 마늘은 담지 않는다.

 생선찌개

시험시간: **30분**

💬 합격포인트

- 동태는 눈 밑에 주둥이를 자른다.
- 생선을 넣고 찌개가 끓으면 중불로 낮춘다.
- 국물이 걸쭉하지 않게 불 조절을 한다.
- 찌개 국물은 그릇 8부 정도 담아낸다.

지급재료목록

동태(300g) 1마리
무 60g
애호박 30g
두부 60g
풋고추(길이 5cm 이상)
홍고추(생) 1개
쑥갓 10g
마늘 중(깐 것) 2쪽
생강 10g
실파 40g
고추장 30g
고춧가루 10g
소금(정제염) 10g

 ## 요구사항

※ **주어진 재료를 사용하여 다음과 같이 생선찌개를 만드시오.**

가. 생선은 4~5cm의 토막으로 자르시오.
나. 무, 두부는 2.5cm x 3.5cm x 0.8cm로 써시오.
다. 호박은 0.5cm 반달형, 고추는 통 어슷썰기, 쑥갓과 파는 4cm로 써시오.
라. 고추장, 고춧가루를 사용하여 만드시오.
마. 각 재료는 익는 순서에 따라 조리하고, 생선살이 부서지지 않도록 하시오.
바. 생선머리를 포함하여 전량 제출하시오.

조리과정

- 생선은 칼등으로 비늘을 제거 하고 흐르는 물에 씻는다.
- 생선 눈 밑에 주둥이를 자르고 머리를 잘라 흐르는 물에 내장을 제거한다.

- 생선 물기를 제거한 다음 아가미를 제거하고 지느러미를 잘라준다.
- 생선을 3~4 토막으로 자르고 한번 씻어 그릇에 담아둔다.

- 냄비에 물 3 1/2컵을 붓고 체에 고추장 2큰술, 고춧가루 1큰술 넣어 풀어주어 끓인다.

- 마늘, 생강은 다진다.
- 무, 두부는 2.5 × 3.5 × 0.8cm로 썬다.
- 애호박은 0.5cm 두께로 반달썰기 하고, 쑥갓과 실파는 길이 4cm로 썬다.

- 홍고추와 풋고추는 어슷썰기 하여 씨를 제거한다.
- 찌개가 끓으면 무를 넣고 끓으면 생선을 넣는다.

- 생선을 넣고 끓으면 중불로 낮추어 거품을 제거하고 소금 1작은술, 다진 마늘과 생강을 넣어 거품을 제거한다.

- 생선이 익으면 두부를 넣고 끓으면 애호박을 넣는다.
- 찌개가 끓으면 홍·청고추를 넣고 실파를 넣어 완성한다.

- 완성 그릇에 생선부터 담고 그 외 건더기와 국물을 그릇 8부 정도 담는다.
- 쑥갓을 올려 담아낸다.

출/제/기/준

분류번호	1301010127_21v4
능력단위 명칭	한식 전·적조리
능력단위 정의	• 한식 전·적 조리란 육류, 어패류, 채소류 등의 재료를 익기 쉽게 썰어 그대로 혹은 꼬치에 꿰어서 밀가루와 달걀 물을 입힌 후 팬에 기름을 두르고 지져내는 능력이다.

능력단위요소	수행준거
1301010127_21v4.1 전·적 재료 준비하기	1.1 전·적의 조리종류에 따라 도구와 재료를 준비할 수 있다. 1.2 조리에 사용하는 재료를 필요량에 맞게 계량할 수 있다. 1.3 전·적의 종류에 따라 재료를 전처리하여 준비할 수 있다.
1301010127_21v4.2 전·적 조리하기	2.1 밀가루, 달걀 등의 재료를 섞어 반죽 물 농도를 맞출 수 있다. 2.2 조리의 종류에 따라 속 재료 및 혼합재료 등을 만들 수 있다. 2.3 주재료에 따라 소를 채우거나 꼬치를 활용하여 전·적의 형태를 만들 수 있다. 2.4 재료와 조리법에 따라 기름의 종류·양과 온도를 조절하여 지져 낼 수 있다.
1301010127_21v4.3 전·적 담기	3.1 전.적에 따라 색, 형태, 분량 등을 고려하여 그릇을 선택할 수 있다. 3.2 전·적의 조리는 기름을 제거하여 담아 낼 수 있다. 3.3 전·적 조리를 따뜻한 온도, 색, 풍미를 유지하여 담아낼 수 있다.

 **생선전**

 시험시간: **25분**

 합격포인트

- 불생선 3장 뜨기 할 때 지느러미 쪽에 칼집을 먼저 넣는다.
- 생선에 밀가루를 묻히고 양손바닥으로 살짝 털어준다.
- 전을 지질 때 뒤집게로 윗면을 살짝 눌러주면서 지진다.
- 약불에서 색이 나지 않게 익힌다.

지급재료목록

동태(400g) 1마리
밀가루(중력분) 30g
달걀 1개
소금(정제염) 10g
흰후춧가루 2g
식용유 50ml

 요구사항

※ **주어진 재료를 사용하여 다음과 같이 생선전을 만드시오.**

가. 생선은 세장 뜨기 하여 껍질을 벗겨 포를 뜨시오.
나. 생선전은 0.5cm x 5cm x 4cm로 만드시오.
다. 달걀은 흰자, 노른자를 혼합하여 사용하시오.
라. 생선전은 8개 제출하시오.

조리과정

- 생선은 칼등으로 비늘을 제거하고 머리를 잘라 흐르는 물에서 내장을 제거하면서 씻는다.
- 씻은 생선을 면포로 감싸 물기를 제거한다.

- 생선은 등쪽 지느러미 쪽과 내장쪽에 칼집을 넣는다.

- 생선을 3장 뜨기를 한다.
- 내장쪽에 있는 뼈와 검은 막을 제거한다.

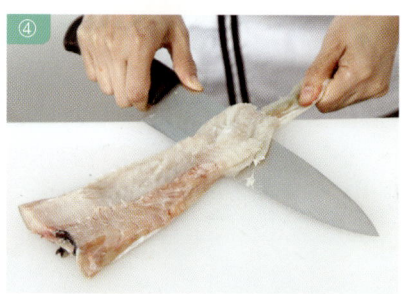

- 생선 꼬리쪽에 칼집을 넣고 한손으로 껍질을 잡아 당기면서 칼로 밀어 껍질을 제거한다.

- 손질한 생선은 6 × 5 × 0.5cm로(구우면 줄기 때문) 포를 떠서 소금과 흰 후추가루로 밑간한다.

- 달걀노른자에 흰자를 조금 섞어 달걀물을 만든다.
- 포를 뜬 생선에 밀가루를 묻히고 양손바닥으로 살짝 털어주고

- 달걀물을 입힌다.

- 팬에 식용유를 두르고 생선을 넣어 익으면 뒤집어 주어 윗면을 살짝 눌러주면서 색이나지 않게 약불에서 지져 완성 접시에 담아 낸다.

 **섭산적**

시험시간: **30**분

합격포인트

- 석쇠를 달구어 식용유를 발라 미리 준비한다.
- 고기를 곱게 다진다.
- 섭산적이 식으면 칼로 자르듯이 썬다.

지급재료목록

소고기(살코기) 80g
두부 30g
대파(흰부분 4cm) 1토막
마늘 중(깐 것) 1쪽
소금(정제염) 5g
흰설탕 10g
깨소금 5g
참기름 5ml
검은후춧가루 2g
잣(깐 것) 10개
식용유 30ml

 요구사항

※ **주어진 재료를 사용하여 다음과 같이 섭산적을 만드시오.**

가. 고기와 두부의 비율을 3:1 로 하시오.
나. 다져서 양념한 소고기는 크게 반대기를 지어 석쇠에 구우시오.
다. 완성된 섭산적은 0.7cm x 2cm x 2cm로 9개 이상 제출하시오.
라. 잣가루를 고명으로 얹으시오.

조리과정

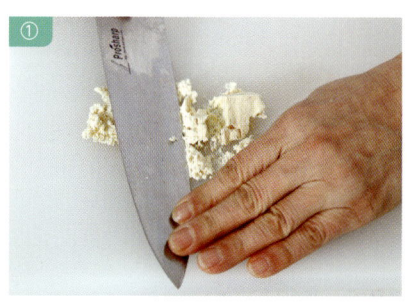

- 파, 마늘을 곱게 다진다.
- 두부는 면포에 수분을 제거하고 칼등으로 으깬다.
- 소고기는 핏물을 제거하고 곱게 다진다.

- 두부와 소고기의 비율은 1:3으로 하여 양념 소금 1/2작은술, 설탕 1/4작은술, 파, 마늘, 후추가루, 참기름 1/3작은술, 깨소금 약간씩 넣어 골고루 잘 치대어 준다.

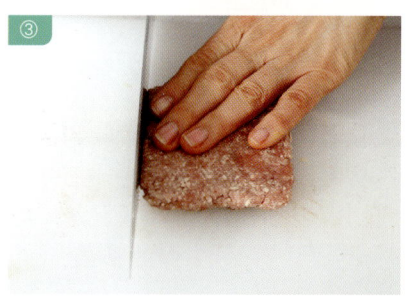

- 양념한 고기를 8 × 8 × 0.7cm로 네모지게 만든다.

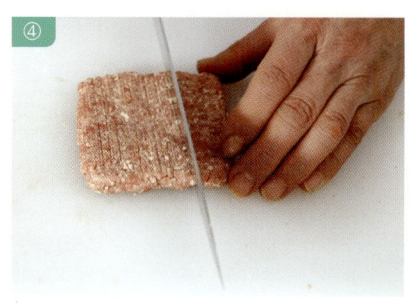

- 윗면에 세로, 가로로 잔 칼집을 넣어 두께가 일정하게 만든다.

- 석쇠를 달구어 식용유를 바르고 섭산적을 올려 타지 않게 굽는다.

- 섭산적이 식으면 사각 테두리를 먼저 잘라내어 정사각형으로 만든 다음 2 × 2cm로 썬다.

- 잣은 고깔을 떼고 키친타올 위에 놓아 방망이로 밀고 다져서 잣가루를 만든다.

- 섭산적 위에 잣가루를 올린다.

 # 육원전

시험시간: **20분**

💬 합격포인트

- 고기는 아주 곱게 다진다.
- 파와 마늘은 아주 소량 사용한다.
- 두부와 고기 비율을 1:3으로 섞어 골고루 잘 치대어준다.
- 완자를 지질 때 윗면을 눌러 주면서 지진다.

지급재료목록

소고기(살코기) 70g
두부 30g
밀가루(중력분) 20g
달걀 1개
대파(흰부분 4cm) 1토막
검은후춧가루 2g
참기름 5ml
소금(정제염) 5g
마늘 중(깐 것) 1쪽
식용유 30ml
깨소금 5g
흰설탕 5g

 요구사항

※ **주어진 재료를 사용하여 다음과 같이 육원전을 만드시오.**

가. 육원전은 지름 4cm, 두께 0.7cm가 되도록 하시오.
나. 달걀은 흰자, 노른자를 혼합하여 사용하시오.
다. 육원전은 6개를 제출하시오.

조리과정

- 파, 마늘은 곱게 다진다.
- 두부는 면포에 싸서 물기를 제거하고 칼등으로 으깬다.

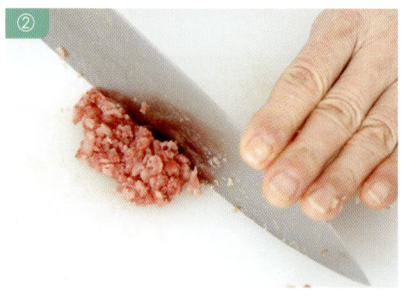

- 소고기는 핏물을 제거하고 곱게 다진다.

- 두부와 고기를 1:3의 비율로 하여 소금 1/3작은술, 설탕 1/5작은술, 다진 파, 다진 마늘, 깨소금, 후추, 참기름 약간씩 넣고 골고루 잘 치대어 준다.

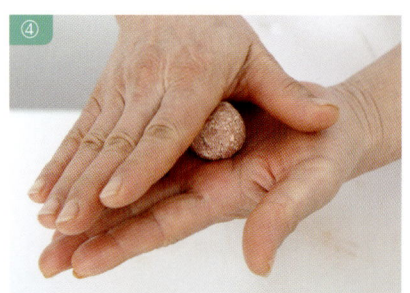

- 치댄 고기반죽을 지름 4cm, 두께 0.7cm 되도록 둥글게를 빚는다.

- 달걀 노른자에 흰자를 조금 섞어 달걀물을 만든다.
- 완자에 밀가루를 묻히고 양손으로 살짝 털어준다.

- 완자에 달걀물을 묻힌다.

- 팬에 식용유를 두르고 완자를 넣어 익으면 뒤집어 주어 윗면을 살짝 눌러주면서 약불에서 지진다.

- 완성 그릇에 육원전을 담아낸다.

지짐누름적

시험시간: **35분**

합격포인트

- 볶은 재료를 꼬치에 끼우고 길이를 잘라준다.
- 표고와 고기 양념 만들 때 파, 마늘은 조금만 넣는다.
- 재료에 밀가루를 묻히고 양손으로 살짝 털어준다.
- 모든 전은 앞면이 익으면 뒤집어 주어 뒤집게로 윗면을 살짝 눌러줘야 앞면이 매끈하게 나온다.

지급재료목록

소고기(살코기, 길이 7cm) 50g
건표고버섯(지름 5cm, 물에 불린 것) 1개
당근(길이7cm, 곧은 것) 50g
쪽파 중 2뿌리
밀가루(중력분) 20g
통도라지(껍질 있는 것, 길 20cm) 1개
달걀 1개, 참기름 5ml
식용유 30ml
산적꼬치(길이 8~9cm) 2개
소금 5g, 진간장 10ml
흰설탕 5g
대파(흰부분 4cm) 1토막
마늘 중(깐 것) 1쪽
검은후춧가루 2g, 깨소금 5g

요구사항

※ **주어진 재료를 사용하여 다음과 같이 지짐누름적을 만드시오.**

가. 각 재료는 0.6cm x 1cm x 6cm로 하시오.
나. 누름적의 수량은 2개를 제출하고, 꼬치는 빼서 제출하시오.

조리과정

- 도라지는 껍질을 제거하고 0.6 × 1 × 6cm로 썬다.
- 당근은 0.6 × 1 × 6cm로 썬다.

- 끓는 물에 소금을 넣고 도라지와 당근을 넣어 데치고 헹구어 소금, 참기름으로 밑간한다.
- 파, 마늘을 다진다.

- 표고는 기둥을 제거하고 0.6 × 1 × 6cm로 썰어 양념한다.
- 고기는 핏물을 제거하고 0.6 × 1 × 7cm로 썰어 칼등으로 두들겨 주어 양념한다.
- 쪽파는 길이 6cm로 잘라 참기름으로 밑간한다.
- 달걀은 소금을 1/5작은술을 넣고 풀어 놓는다.

- 팬에 식용유 1큰술을 두르고 도라지 〉 오이 〉 당근 〉 표고 〉 고기 순으로 볶는다.

고기, 표고 양념: 간장 1큰술, 설탕 1작은술, 파, 마늘, 참기름, 깨소금, 후춧가루 약간씩 넣어 양념장을 만든다.

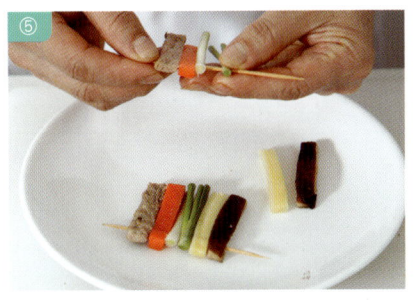

- 꼬치에 볶은 재료를 도라지 〉 표고 〉 쪽파 〉 고기 〉 당근 순으로 색 맞추어 끼우고 길이를 맞추어 잘라준다.

- 재료를 끼운 꼬치에 밀가루를 묻히고 양손바닥으로 살짝 털어준 다음 달걀물을 입힌다.

- 팬에 식용유 1큰술을 두르고 지짐누름적을 놓고 앞면이 익으면 뒤집어 뒤집게로 윗면을 살짝 눌러주면서 약불에서 색이 나지 않게 지져준다.

- 완성 그릇에 꼬치를 빼고 담아 낸다.

표고전

시험시간: **20분**

합격포인트

- 고기를 아주 곱게 다진다.
- 고기와 두부를 골고루 잘 섞어준다.
- 약불에서 색이 나지 않게 익혀준다.

지급재료목록

건표고버섯
(지름 2.5~4cm) 5개
소고기(살코기) 30g
두부 15g
밀가루(중력분) 20g
달걀 1개
대파(흰부분 4cm) 1토막
검은후춧가루 1g
참기름 5ml
소금(정제염) 5g
깨소금 5g
마늘 중(깐 것) 1쪽
식용유 20ml
간장 5g
흰설탕 5g

 요구사항

※ **주어진 재료를 사용하여 다음과 같이 표고전을 만드시오.**

가. 표고버섯과 속은 각각 양념하여 사용하시오.
나. 표고전은 5개를 제출하시오.

조리과정

- 표고는 물기를 제거하고 기둥을 떼어내어 간장 1/2작은술, 설탕 1/3큰술, 참기름 1/2작은술로 밑간을 한다.

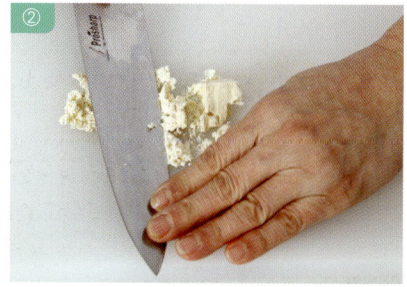

- 파, 마늘을 곱게 다진다.
- 두부는 면포에 싸서 수분을 제거하고 칼등으로 으깬다.

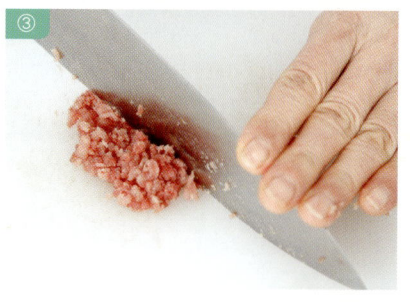

- 고기는 핏물을 제거하고 아주 곱게 다진다.

- 대접에 고기와 두부를 담고 소금 1/3작은술, 설탕 1/5작은술, 파, 마늘, 깨소금, 참기름, 후춧가루 약간씩 넣어 골고루 잘 치대어 준다.

- 유장 처리한 표고를 살짝 짜주고 표고 안쪽에 밀가루를 묻힌다.

- 표고에 소를 평평하게 채운다.

- 소를 채운 표고에 밀가루를 묻히고 양손바닥으로 털어주고 .달걀물을 입힌다.

- 팬에 식용유 1큰술을 두르고 약불에서 소를 채운 부분을 팬에 놓고 뒤집게로 살짝 눌러 주면서 지져낸다.

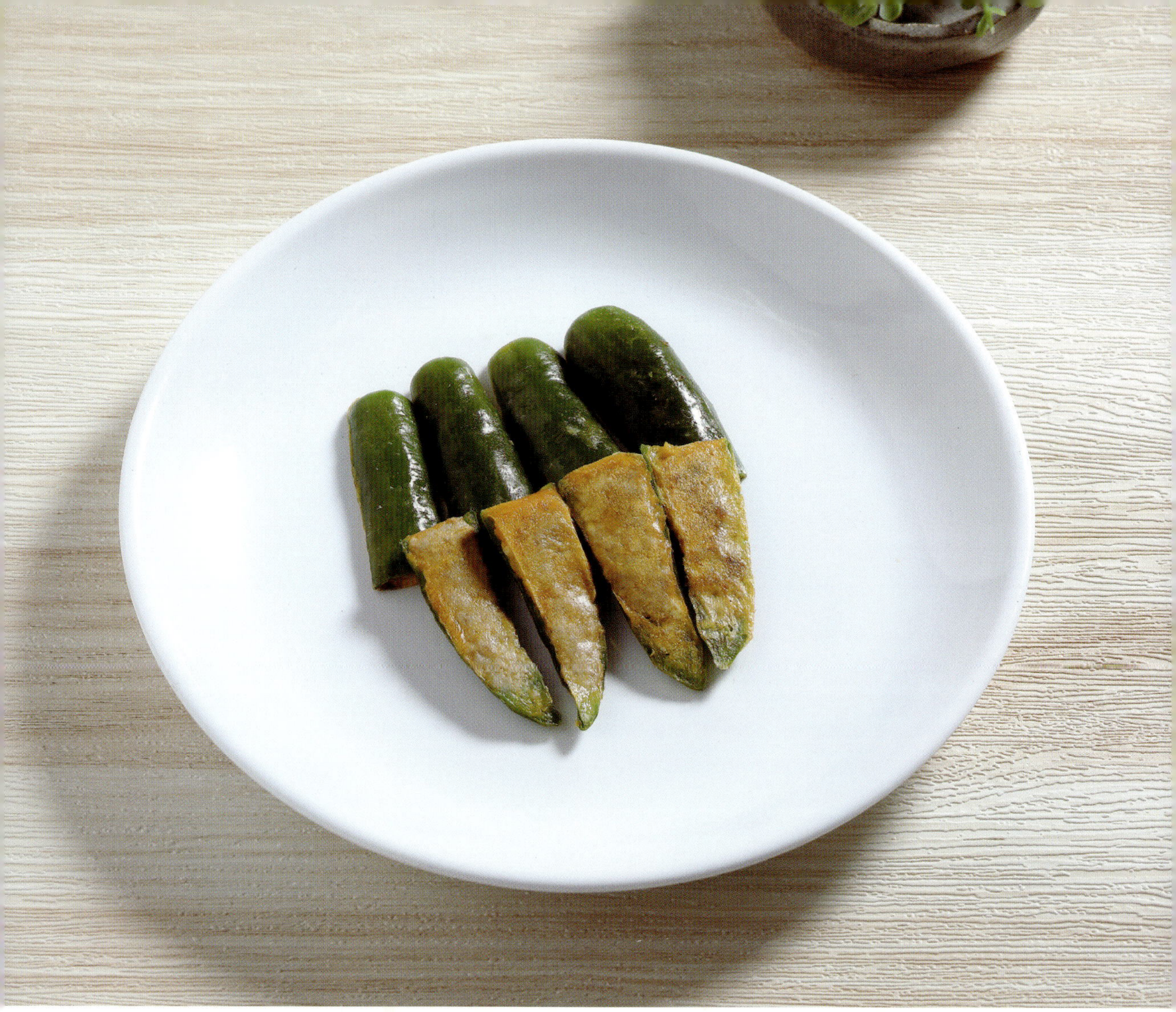

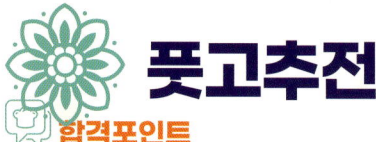

풋고추전

시험시간: **25**분

합격포인트

- 고기와 두부는 골고루 잘 치대어 준다.
- 풋고추는 살짝 데치고 찬물에 바로 헹궈준다.
- 풋고추 전을 지질 때 풋고추 등쪽에 지진 자국이 생기면 안된다.

지급재료목록

풋고추(길이 11cm 이상) 2개
소고기(살코기) 30g
두부 15g
밀가루(중력분) 15g
달걀 1개
대파(흰부분 4cm) 1토막
검은후춧가루 1g
참기름 5ml
소금 5g
깨소금 5g
마늘 1쪽
식용유 20ml
흰설탕 5g

요구사항

※ **주어진 재료를 사용하여 다음과 같이 풋고추전을 만드시오.**

가. 풋고추는 5cm 길이로, 소를 넣어 지져 내시오.

나. 풋고추는 잘라 데쳐서 사용하며, 완성된 풋고추전은 8개를 제출하시오.

조리과정

- 풋고추는 꼭지를 떼고 길이로 반 자른다.

- 씨와 심지를 제거하고 5cm으로 자른다.

- 자른 풋고추는 끓는물에 소금을 넣고 살짝 데 치어 찬물에 헹군다.
- 파, 마늘을 다진다.

- 두부는 면포에 수분을 제거하고 칼등으로 곱게 으깬다.
- 고기는 핏물을 제거하고 곱게 다진다.
- 고기와 두부를 3:1 비율로 하여 소금 1/3작은 술, 설탕 1/5작은술, 파, 마늘, 후추가루, 깨소금, 참기름 약간씩 넣어 골고루 치댄다.

- 풋고추 속에 밀가루를 묻히고 살짝 털어낸다.

- 풋고추에 소를 평평하게 채운다.

- 달걀 노른자를 분리하여 달걀물을 만든다.
- 소를 채운쪽에 밀가루를 묻히고 양손바닥으로 살짝 털어주어 달걀물을 입힌다.

- 팬에 식용유 1큰술을 두르고 고기 쪽으로 놓고 뒤집게로 살짝 눌러주면서 익힌다.

 # 화양적

시험시간: **35분**

💬 합격포인트

- 재료를 꼬치에 끼울 때 황 지단이 가운데 오게 끼운다.
- 고기는 1cm정도 길게 자른다.
- 고기, 표고 양념에 파, 마늘은 조금만 넣는다.
- 팬에 식용유를 코팅하여 황 지단을 접어서 도톰하게 익힌다.

지급재료목록

소고기(살코기 길이 7cm) 50g
건표고버섯
(지름 5cm, 물에 불린 것) 1개
당근(곧은 것, 길이 7cm) 50g
오이 가늘고 곧은 것,
길이 20cm 1/2개
통도라지 껍질 있는 것,
길이 20cm 1개
달걀 2개, 잣(깐 것) 10개
산적꼬치(길이 8~9cm) 2개
진간장 5, 대파(흰부분 4cm) 1토막
마늘 중 (깐 것) 1쪽, 소금(정제염) 5g
흰설탕 5g, 깨소금 5g
참기름 5g, 검은후춧가루 2g
식용유 30ml

요구사항

※ **주어진 재료를 사용하여 다음과 같이
화양적을 만드시오.**
가. 화양적은 0.6cm x 6cm x 6cm로 만드시오.
나. 달걀노른자로 지단을 만들어 사용하시오.
(단, 달걀흰자 지단을 사용하는 경우 실격으로 처리됩니다.)
다. 화양적은 2꼬치를 만들고 잣가루를 고명으로 얹으시오.

조리과정

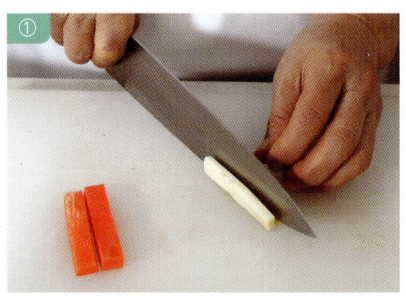

- 도라지는 껍질을 제거하고 0.6 × 1 × 6cm로 썬다.
- 당근도 0.6 × 1 × 6cm로 썬다.

- 끓는 물에 소금을 넣고 도라지와 당근을 넣어 데치고 헹구어 소금, 참기름으로 밑간한다.

- 파, 마늘을 다진다.
- 표고는 기둥을 제거하고 0.6 × 1 × 6cm로 썰어 양념한다.

- 고기는 핏물을 제거하고 0.6 × 1 × 7cm로 썰어 칼등으로 두들겨 주어 양념한다.

고기, 표고 양념: 간장 1큰술, 설탕 1작은술, 파, 마늘, 참기름, 깨소금, 후춧가루 약간씩 넣어 양념장을 만든다.

- 달걀 노른자 2개를 소금 간하여 팬에 도톰하게 부쳐 0.6 × 1 × 6cm로 썬다.

- 팬에 식용유 1큰술을 두르고 도라지 〉 오이 〉 당근 〉 표고 〉 고기 순으로 볶는다.

- 꼬치에 볶은 재료를 색 맞추어 끼우고 밑을 잘라준다.

- 잣은 고깔을 떼고 키친타올 위에 놓아 방망이로 밀고 다져서 잣가루를 만들어 화양적 중앙에 올린다.

출/제/기/준

분류번호	1301010129_21v4
능력단위 명칭	한식 생채 · 회 조리
능력단위 정의	• 한식 생채 · 회조리란 채소를 살짝 절이거나 생것을 양념하는 조리이며 회 조리는 데치거나 생것을 신선한 상태로 조리 할 수 있는 능력이다.

능력단위요소	수행준거
1301010129_21v4.1 생채·회 재료 준비하기	1.1 생채·회의 종류에 맞추어 도구와 재료를 준비할 수 있다. 1.2 조리에 사용하는 재료를 필요량에 맞게 계량할 수 있다. 1.3 재료에 따라 요구되는 전처리를 수행할 수 있다.
1301010129_21v4.2 생채·회 조리하기	2.1 양념장 재료를 비율대로 혼합, 조절할 수 있다. 2.2 재료에 양념장을 넣고 잘 배합되도록 무칠 수 있다. 2.3 재료에 따라 회·숙회로 만들 수 있다.
1301010129_21v4.3 생채·회 담기	3.1 생채·회에 따라 색, 형태, 분량 등을 고려하여 그릇을 선택할 수 있다. 3.2 생채·회의 색, 형태, 분량을 고려하여 그릇에 담아낼 수 있다. 3.3 조리종류에 따라 양념장을 곁들일 수 있다.

 **겨자채**

시험시간: **35**분

합격포인트

- 재료는 0.3 × 1 × 4cm 균일하게 썬다.
- 겨자가루 1큰술에 식초 2큰술, 설탕 1큰술로 한다.
- 겨자장이 되직하면 안된다.

지급재료목록

양배추(길이 5cm) 50g
오이(가늘고 곧은 것, 길이 20cm) 1/3개
당근(곧은 것, 길이 7cm) 50
소고기(살코기) 50g
달걀 1개
밤 중(생 것) 껍질 깐 것 2개
배 중(길이로 등분 50g) 1/8등분
흰설탕 20g, 잣(깐 것) 5개
소금(정제염) 5g, 식초 10ml
진간장 5ml
겨자가루 6g
식용유 10ml

 ### 요구사항

※ **주어진 재료를 사용하여 다음과 같이 겨자채를 만드시오.**

가. 채소, 편육, 황·백지단, 배는 0.3cm x 1cm x 4cm로 써시오.

나. 밤은 모양대로 납작하게 써시오.

다. 겨자는 발효시켜 매운맛이 나도록 하여 간을 맞춘 후 재료를 무쳐서 담고, 통잣을 고명으로 올리시오.

조리과정

- 겨자가루 1큰술에 미지근한 물 1큰술로 개어 발효 시킨다.

- 소고기는 핏물을 제거하고 끓는 물에 삶아 편육을 만들어 0.3 × 1 × 4cm로 썬다.

- 양배추는 1 × 4cm로 썰어 찬물에 담군다.

- 당근은 사방 잘라 1 × 4cm 만들고 두께 0.3cm으로 썰어 찬물에 담군다.

- 오이는 길이 4cm으로 자르고 반으로 잘라 0.3 × 1 × 4cm로 썰어 찬물에 담군다.
- 배는 껍질을 제거하고 0.3 × 1 × 4cm로 썰어 설탕물에 담군다.
- 밤은 모양대로 0.3cm 편썰기 하여 설탕물에 담군다.
- 잣은 고깔을 떼어 둔다.

- 달걀은 황, 백으로 나누어 지단을 부쳐 0.3 × 1 × 4cm로 썬다.

- 발효된 겨자에 식초 2큰술, 설탕 1큰술, 소금 1/5작은술, 간장 1/5작은술을 넣어 체에 내려준다.

- 재료는 체에 내려 물기를 제거해준 다음 대접에 양배추, 편육, 당근, 오이를 담고 겨자장을 넣어 버무린 다음 황, 백지단과 배, 밤을 넣어 한번 더 버무려 위에 통잣을 올려낸다.

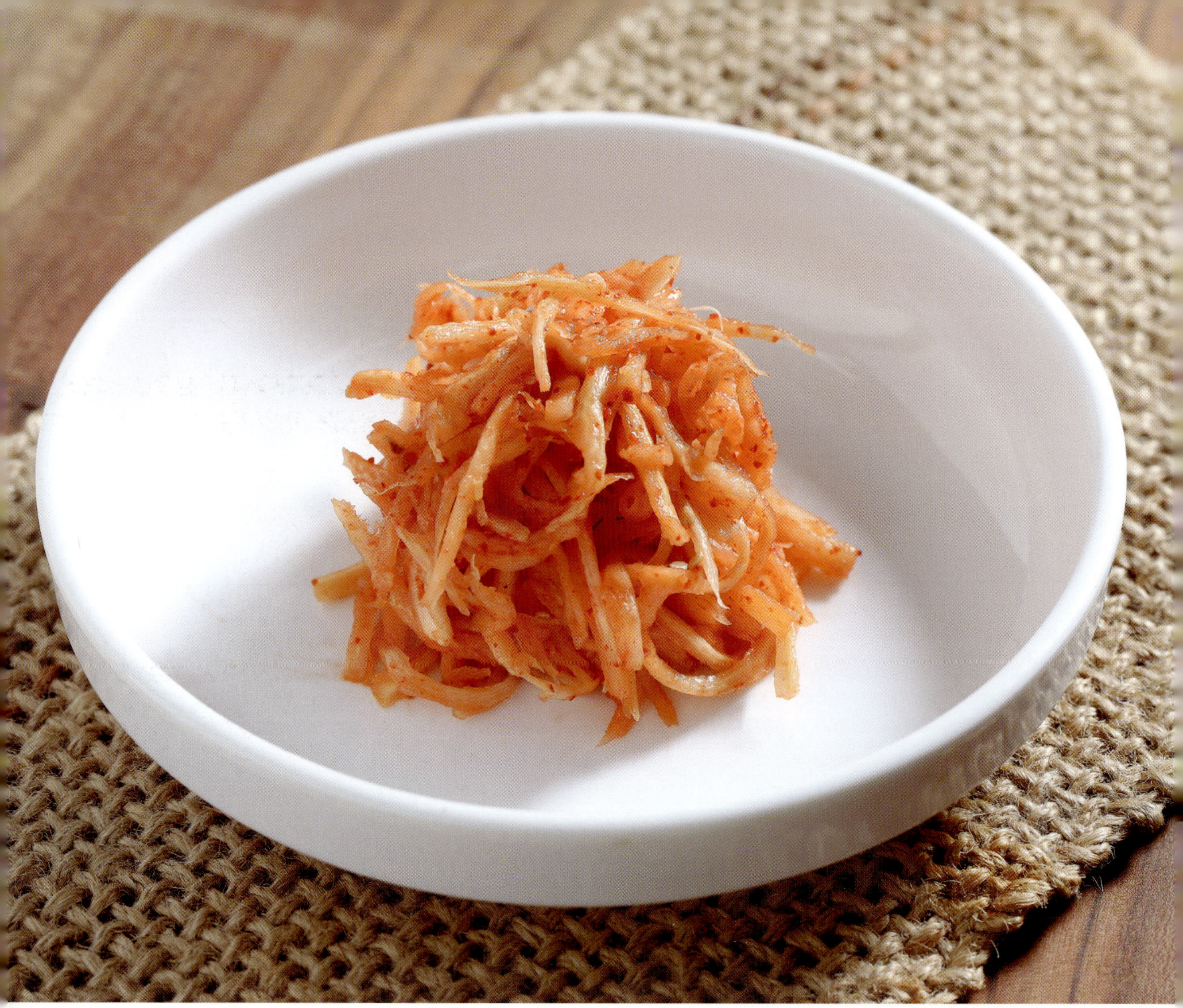

 ## 더덕생채

시험시간: **20분**

- 더덕을 편썰기 하여 소금물에 담가 쓴맛을 제거한다.
- 양념장을 만들어 조금씩 넣어 가면서 버무린다.
- 더덕은 가늘고 길게 찢는다.

지급재료목록

통더덕(껍질 있는 것, 길이 10~15cm) 2개
마늘 중(깐 것) 1쪽
흰설탕 5g
식초 15ml
대파(흰부분 4cm) 1토막
소금(정제염) 5g
깨소금 5g
고춧가루 20g

 요구사항

※ **주어진 재료를 사용하여 다음과 같이 더덕생채를 만드시오.**

가. 더덕은 5cm로 썰어 두들겨 편 후 찢어서 쓴맛을 제거하여 사용하시오.

나. 고춧가루로 양념하고, 전량 제출하시오.

조리과정

- 더덕은 껍질을 벗기어 길이 5cm 정도 썰고 0.3cm 두께로 편썰기 한다.

- 소금물에 담구어 쓴맛을 제거한다.

- 파, 마늘을 다진다.

양념: 식초 1큰술, 설탕 1작은술, 고춧가루 1작은술, 깨소금, 파, 마늘을 넣어 만든다.

- 더덕은 물에 헹구고 면포에 싸서 방망이로 민다.

- 밀어 편 더덕을 도마에 놓고 자근자근 두들겨 준다.

- 두께 0.3cm 정도 되게 하여 가늘고 길게 찢는다.

- 찢은 더덕에 양념장을 조금씩 넣어 주면서 버무린다.

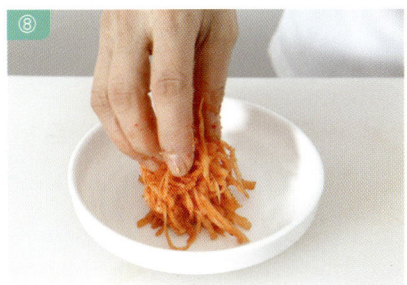

- 그릇에 담아낸다.

도라지 생채

시험시간: **15분**

합격포인트

- 도라지는 0.3 × 0.3 × 6cm 썰어 소금물에 쓴맛을 우려낸다.
- 양념은 고추장과 고춧가루 비율은 2:1로 한다.
- 양념장은 많이 사용하지 않는다.

지급재료목록

통도라지(껍질 있는 것) 3개
소금(정제염) 5g
고추장 20g
흰설탕 10g
식초 15ml
대파(흰부분4cm) 1토막
마늘 중(깐 것) 1쪽
깨소금 5g
고춧가루 10g

 요구사항

※ **주어진 재료를 사용하여 다음과 같이 도라지생채를 만드시오.**

가. 도라지는 0.3cm x 0.3cm x 6cm로 써시오.

나. 생채는 고추장과 고춧가루 양념으로 무쳐 제출하시오.

조리과정

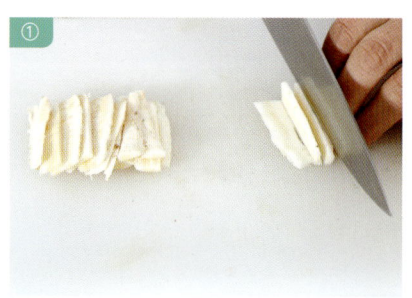

- 도라지는 껍질을 제거하고 길이 6cm로 편썰기 한다.

- 편썰기한 도라지를 0.3 × 0.3 × 6cm로 채썰기 한다.

- 채 썬 도라지는 소금물에 담가 쓴맛을 제거한다.

- 파, 마늘을 다진다.

양념: 고추장 1작은술, 고춧가루 1/2작은술, 식초 1큰술, 설탕 1작은술, 파, 마늘, 깨소금을 넣어 만든다.

- 도라지를 헹구어 면포를 감싸 물기를 제거해 준다.

- 도라지에 양념을 조금씩 넣어 주면서 무친다.

- 완성 그릇에 담아낸다.

무 생채

시험시간: **15분**

합격포인트

- 무는 0.2 × 0.2 × 6cm로 일정하게 채썰기 한다.
- 무에 고운 고춧가루를 먼저 무친다.
- 양념장을 만들어 무 채에 조금씩 넣어 주면서 양념색에 주의한다.

지급재료목록

무(길이 7cm) 120g
소금(정제염) 5g
고춧가루 10g
흰설탕 10g
식초 5ml
대파(흰부분4cm) 1토막
마늘 중(깐 것) 1쪽
깨소금 5g
생강 5g

 요구사항

※ **주어진 재료를 사용하여 다음과 같이 무생채를 만드시오.**

가. 무는 0.2cm x 0.2cm x 6cm로 썰어 사용하시오.
나. 생채는 고춧가루를 사용하시오.
다. 무생채는 70g 이상 제출하시오.

조리과정

- 무는 껍질을 제거하고 길이 6cm으로 편썰기 한다.

- 편썰기한 무를 0.2 × 0.2 × 6cm로 고르게 채썰기 한다.

- 고춧가루 1작은술을 체에 내려 고운 고춧가루를 준비한다.

- 무채에 고운 고춧가루를 조금씩 넣어주면서 버무려 연한 주황색이 되게 한다.

- 생강, 파, 마늘을 다진다.

- **양념:** 작은 그릇에 파, 생강, 식초 1큰술, 설탕 1/2큰술, 소금 1/3작은술, 깨소금으로 양념장을 만든다.

- 물들인 무에 양념장을 조금씩 넣어 가면서 버무린다.

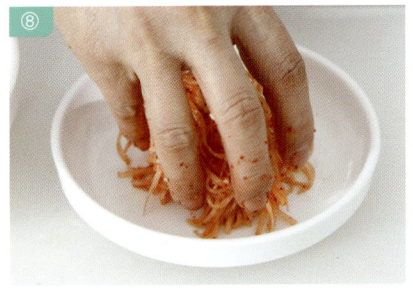

- 완성 접시에 담아 낸다.

미나리강회

시험시간: **35분**

합격포인트

- 홍고추는 길이로 썬다.
- 달걀 지단은 0.3cm정도 조금 두껍게 만든다.
- 강회는 고기, 흰자, 노른자, 홍고추 순으로 한다.

지급재료목록

 요구사항

소고기(살코기, 길이 7cm) 80g
미나리(줄기 부분) 30g
달걀 2개
홍고추(생) 1개
고추장 15g
식초 15ml
흰설탕 5g
소금(정제염) 5g
식용유 10ml

※ **주어진 재료를 사용하여 다음과 같이 미나리강회를 만드시오.**

가. 강회의 폭은 1.5cm, 길이는 5cm 로 만드시오.
나. 붉은 고추의 폭은 0.5cm, 길이는 4cm 로 만드시오.
다. 달걀은 황·백지단으로 사용하시오.
라. 강회는 8개 만들어 초고추장과 함께 제출하시오.

조리과정

- 물이 끓으면 소금을 넣어 미나리 줄기만 살짝 데치고 헹구어 두 갈래로 찢어 놓는다.

- 고기는 핏물을 제거하고 삶아 편육을 만들어 식혀 1.5 × 5 × 0.3cm로 썬다.

- 홍고추는 꼭지 부분을 자르고 길이로 갈라 씨를 제거하여 0.5 × 4cm로 썬다.

- 달걀은 황, 백지단으로 부쳐 폭 1.5cm, 길이 5cm로 썬다.

- 강회는 편육 〉 백지단 〉 황지단 〉 홍고추 순으로 준비한다.

- 미나리 줄기로 돌려 세 번 정도 감아 풀리지 않게 뒤쪽 미나리 사이로 끼운다.

- 고추장 1큰술, 설탕 1작은술, 식초 1큰술로 섞어 체에 내려 작은 종지에 담는다.

- 완성 그릇에 강회를 담고 초고추장을 곁들여 낸다.

 # 육회

시험시간: **20분**

합격포인트

- 배는 0.3 × 0.3 × 5cm로 썰어 설탕물에 담구어 변색되지 않게 한다.
- 완성 접시에 배를 돌려 담고 마늘, 고기 순으로 담는다.
- 소고기는 소금 간으로 한다.

지급재료목록

소고기 살코기 90g
배(중, 100g)
잣(깐 것) 5개
소금(정제염) 5g
마늘 중(깐 것) 3쪽
대파(흰부분4cm) 1토막
검은후춧가루 2g
참기름 10ml
흰설탕 30g
깨소금 5g

요구사항

※ **주어진 재료를 사용하여 다음과 같이 육회를 만드시오.**
 가. 소고기는 0.3cm x 0.3cm x 6cm로 썰어 소금 양념으로 하시오.
 나. 배는 0.3cm x 0.3cm x 5cm로 변색되지 않게 하여 가장자리에 돌려 담으시오.
 다. 마늘은 편으로 썰어 장식하고 잣가루를 고명으로 얹으시오.
 라. 소고기는 손질하여 전량 사용하시오.

조리과정

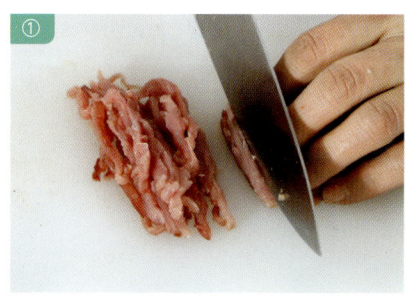

- 소고기는 키친타올로 핏물을 제거하고 0.3 × 0.3 × 6cm로 채썬다.

- 마늘 2쪽는 편썰기 하고 1쪽과 대파는 다진다.

양념: 소금 1/3작은술, 설탕 1/2작은술, 깨소금, 참기름 1/2 작은술, 후춧가루, 파, 마늘을 넣어 만들어 채썬 소고기에 양념을 한다.

- 배는 껍질을 벗기어 0.3 × 0.3 × 0.6cm 길이로 채썰어 연한 설탕물에 담군다.
- 채썬 배는 체에 내려 면포로 물기를 제거해준다.

- 완성 접시 중앙에 5cm 정도 공간을 두고 배를 돌려 담는다.

- 중앙에 마늘편을 놓는다.

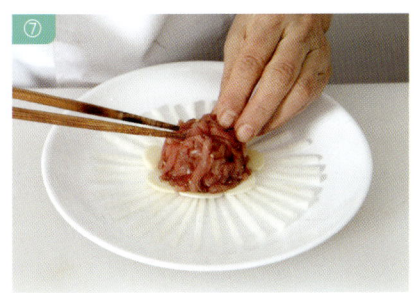
- 마늘편 위에 양념한 고기를 올려 담는다.

- 잣은 고깔을 떼고 키친타올에 싸서 방망이로 밀어 칼로 다져 잣가루를 만들어 고기 위에 올려 낸다.

출/제/기/준

분류번호	1301010125_21v4
능력단위 명칭	한식 조림·초 조리
능력단위 정의	• 한식 조림·초 조리란 육류, 어패류, 채소류 등에 양념장을 넣어 국물이 거의 없도록 조림 조리를 할 수 있는 능력이다.

능력단위요소	수행준거
1301010125_21v4.1 조림·초 재료 준비하기	1.1 조림·초 조리에 따라 도구와 재료를 준비할 수 있다. 1.2 조리에 사용하는 재료를 필요량에 맞게 계량할 수 있다. 1.3 조림·초 조리의 재료에 따라 전처리를 수행할 수 있다. 1.4 양념장 재료를 비율대로 혼합, 조절할 수 있다. 1.5 필요에 따라 양념장을 숙성할 수 있다.
1301010125_21v4.2 조림·초 조리하기	2.1 조리종류에 따라 준비한 도구에 재료를 넣고 양념장에 조릴 수 있다. 2.2 재료와 양념장의 비율, 첨가 시점을 조절할 수 있다. 2.3 재료가 눌어붙거나 모양이 흐트러지지 않게 화력을 조절하여 익힐 수 있다. 2.4 조리종류에 따라 국물의 양을 조절할 수 있다.
1301010125_21v4.3 조림·초 담기	3.1 조림·초에 따라 색, 형태, 분량 등을 고려하여 그릇을 선택할 수 있다. 3.2 조리종류에 따라 국물 양을 조절하여 담아낼 수 있다.

두부조림

시험시간: **25분**

합격포인트

- 두부는 4.5 × 3 × 0.8cm로 썬다.
- 두부는 약불에서 노릇하게 고루 구워야 된다.
- 국물이 5큰술 정도 남았을 때 불을 끈다.

지급재료목록

두부 200g
대파(흰부분 4cm) 1토막
실고추 1g
검은후춧가루 1g
참기름 5ml
소금(정제염) 5g
마늘 중(깐 것) 1쪽
식용유 50ml
진간장 15ml
깨소금 5g
흰설탕 5g

 ### 요구사항

※ **주어진 재료를 사용하여 다음과 같이 두부조림을 만드시오.**

가. 두부는 0.8cm x 3cm x 4.5cm로 잘라 지져서 사용하시오.

나. 8쪽을 제출하고, 촉촉하게 보이도록 국물을 약간 끼얹어 내시오.

다. 실고추와 파채를 고명으로 얹으시오.

조리과정

- 두부는 4.5 × 3 × 0.8cm로 썬다.

- 소금, 검은 후추가루로 밑간을 한다.

- 대파 길이 0.3 × 3cm으로 가는 채썰기 한다.
- 실고추는 길이 3cm로 썬다.

- 팬에 식용유 1큰술을 두르고 두부를 넣어 노릇하게 약불에서 앞뒤 지져 접시에 담아둔다.

🧂 **양념:** 물 1/2컵, 간장 1큰술, 설탕 1작은술, 후추가루, 파, 마늘, 참기름, 깨소금 약간씩 넣어 만든다.

- 냄비에 지진 두부를 넣고 양념장을 부어 끓으면 중불로 낮춘다.

- 양념장이 5큰술 정도 남으면 불을 끄고 대파채와 실고추를 고명으로 올리고 국물을 끼얹어 한김 낸다.

- 완성 접시에 담아 양념장 1큰술을 끼얹어 낸다.

 # 홍합초

시험시간: **20분**

합격포인트

- 홍합 족사를 제거한다.
- 홍합은 끓는물에 살짝 데쳐서 조린다.
- 조림장이 3큰술 정도 남으면 불을 끈다.

지급재료목록

 요구사항

생홍합(굵고 싱싱한 것, 껍질 벗긴 것으로 지급) 100g
대파 (흰부분4cm) 1토막
검은후춧가루 2g
참기름 5mL
마늘 중(깐 것) 1쪽
진간장 40mL
생강 15g
흰설탕 10g
잣(깐 것) 5개

※ **주어진 재료를 사용하여 다음과 같이 홍합초를 만드시오.**

가. 마늘과 생강은 편으로, 파는 2cm로 써시오.
나. 홍합은 데쳐서 전량 사용하고, 촉촉하게 보이도록 국물을 끼얹어 제출하시오.
다. 잣가루를 고명으로 얹으시오.

조리과정

- 홍합은 이물질과 족사를 제거하고 연한 소금물에 흔들어 씻는다.

- 대파는 2cm로 썰고, 마늘과 생강은 편으로 썬다.

- 끓는 물에 홍합을 살짝 데치고 헹군다.

- **조림장**: 물 5큰술, 간장 1큰술, 설탕 2/3큰술을 넣어 만든다.

- 냄비에 조림장을 넣어 끓으면 생강을 넣고 조금 있다가 마늘과 대파를 넣는다.

- 조림장이 끓으면 홍합을 넣고 끓으면 중불로 낮춘다.
- 조림장이 3큰술 정도 남으면 참기름 1/3작은술을 넣고 불을 끈다.

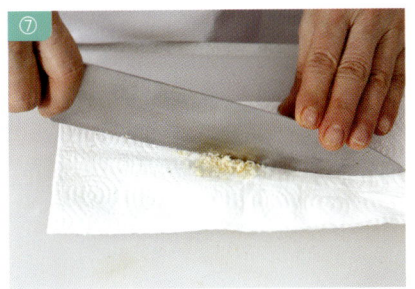

- 잣은 고깔을 떼고 키친타올에 놓아 방망이로 밀고 칼로 다져서 잣가루를 만든다.

- 완성 그릇에 담고 조림장을 2큰술 정도 끼얹어 잣가루를 올려 낸다.

출/제/기/준

분류번호	1301010109_21v4
능력단위 명칭	한식 구이조리
능력단위 정의	• 한식 구이조리란 육류, 어패류, 채소류, 버섯류 등의 재료를 소금이나 양념장에 재워 직접, 간접 화력으로 익혀낼 수 있는 능력이다.

능력단위요소	수행준거
1301010109_21v4.1 구이 재료 준비하기	1.1 구이의 종류에 맞추어 도구와 재료를 준비할 수 있다. 1.2 조리에 사용하는 재료를 필요량에 맞게 계량할 수 있다. 1.3 재료에 따라 요구되는 전처리를 수행할 수 있다. 1.4 양념장 재료를 비율대로 혼합, 조절할 수 있다. 1.5 필요에 따라 양념장을 숙성할 수 있다.
1301010109_21v4.2 구이 조리하기	2.1 구이종류에 따라 유장처리나 양념을 할 수 있다. 2.2 구이종류에 따라 초벌구이를 할 수 있다. 2.3 온도와 불의 세기를 조절하여 익힐 수 있다. 2.4 구이의 색, 형태를 유지할 수 있다.
1301010109_21v4.3 구이 담기	3.1 구이에 따라 색, 형태, 분량 등을 고려하여 그릇을 선택할 수 있다. 3.2 조리한 음식을 부서지지 않게 담을 수 있다. 3.3 구이 종류에 따라 적정 온도를 유지하여 담을 수 있다. 3.4 조리종류에 따라 고명으로 장식할 수 있다.

너비아니구이

시험시간: **25분**

합격포인트

- 완성 고기는 0.5 × 4 × 5cm가 되도록 한다.
- 직화구이는 타지 않게 한다.
- 석쇠에 고기를 0.5cm 정도 겹쳐 놓고 구워야 가장자리가 타지 않는다.

지급재료목록

소고기(안심 또는 등심 덩어리) 100g
진간장 50ml
대파 (흰부분04cm) 1토막
마늘 중(깐 것) 2쪽
검은후춧가루 2g
흰설탕 10g
깨소금 5g
잣(깐 것) 5개
참기름 10ml
배 1/8개
식용유 10ml

 **요구사항**

※ 주어진 재료를 사용하여 다음과 같이 너비아니구이를 만드시오.

가. 완성된 너비아니는 0.5cm x 4cm x 5cm로 하시오.
나. 석쇠를 사용하여 굽고, 6쪽 제출하시오.
다. 잣가루를 고명으로 얹으시오.

조리과정

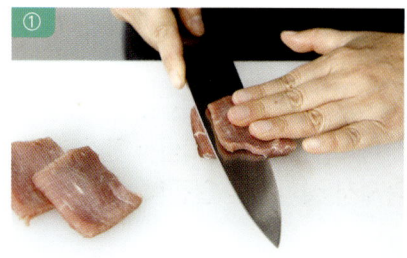

- 고기는 핏물을 제거하고 0.5 × 4 × 5cm로 포를 뜬다.

- 고기를 앞, 뒤 칼등으로 두들기고 칼집을 넣어 0.5 × 5 × 6cm가 되도록 자른다.

- 배는 껍질을 제거하여 강판에 간다.
- 파, 마늘은 곱게 다진다.

양념: 배즙 1큰술, 간장 1큰술, 설탕 1/2큰술, 깨소금, 참기름, 후추가루, 파, 마늘을 넣어 만든다.

- 고기가 양념에 베이도록 재워준다.
- 잣은 고깔을 떼고 키친타올에 싸서 방망이로 밀고 칼로 다져서 잣가루를 만든다.

- 석쇠를 달구어 식용유를 살짝 발라주고 양념에 재운 고기를 0.5cm 정도 겹쳐 놓는다.

- 타지 않게 중불에서 구워준다.

- 완성 그릇에 담고 잣가루를 올리고 낸다.

 **더덕구이**

시험시간: **30분**

 **합격포인트**

- 더덕은 길이 6cm 정도 한다.
- 더덕을 먼저 손질하여 소금에 담가둔다.
- 더덕이 굵으면 반으로 자른 다음 2등분 한다

지급재료목록

 ### 요구사항

통더덕(껍질 있는 것, 길이 10~15cm) 3개
진간장 10ml
대파(흰부분4cm)
마늘 중(깐 것) 1쪽
고추장 30g
흰설탕 5g
깨소금 5g
참기름 10ml
소금(정제염) 10g
식용유 10ml

※ **주어진 재료를 사용하여 다음과 같이 더덕구이를 만드시오.**

가. 더덕은 껍질을 벗겨 사용하시오.
나. 유장으로 초벌구이 하고, 고추장 양념으로 석쇠에 구우시오.
다. 완성품은 전량 제출하시오.

조리과정

- 더덕은 껍질을 제거하고 반으로 갈라 소금물에 담가둔다.
- 파, 마늘은 곱게 다진다.

유장: 참기름과 간장을 3:1 비율로 만든다.

양념: 고추장 2큰술, 설탕 1큰술, 간장 1/2작은술, 깨소금, 참기름 2/3작은술, 후춧가루, 파, 마늘, 물 1작은술로 농도를 맞춘다.

- 절여진 더덕을 한번 헹구고 면포에 싸서 방망이로 밀어준다.

- 밀어준 더덕은 방망이로 두들겨 펴 준다.

- 펴 준 더덕에 유장을 바른다.

- 석쇠를 달구어 식용유를 바르고 유장한 더덕을 초벌구이 한다.

- 초벌한 더덕에 양념을 하여 타지 않게 중불에서 구워준다.
- 구운 더덕에 양념을 한번 더 발라 구워준다.

- 완성 접시에 전량 담아낸다.

 # 북어구이

시험시간: **20분**

 합격포인트

- 양념에 간장은 1/2작은술만 넣는다.
- 북어는 물에 충분히 불린다.
- 양념을 두 번 발라 구워준다.

지급재료목록

북어포(반을 갈라 말린 껍질이 있는 것 40g) 1마리
진간장 20ml
대파(흰부분 4cm) 1토막
마늘 중(깐 것) 1쪽
고추장 40g
흰설탕 10g
깨소금 5g
참기름 15ml
검은후춧가루 2g
식용유 ml

요구사항

※ 주어진 재료를 사용하여 다음과 같이 북어구이를 만드시오.

가. 구워진 북어의 길이는 5cm로 하시오.
나. 유장으로 초벌구이 하고, 고추장 양념으로 석쇠에 구우시오.
다. 완성품은 3개를 제출하시오.
(단, 세로로 잘라 3/6토막 제출할 경우 수량부족으로 실격 처리됩니다.)

조리과정

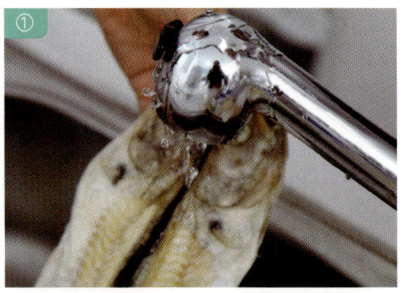

- 북어포는 흐르는 물에 불려 큰 접시에 담아 둔다.
- 파, 마늘은 곱게 다진다.

- 불린 북어는 양손으로 짜주면서 물기를 제거한다.

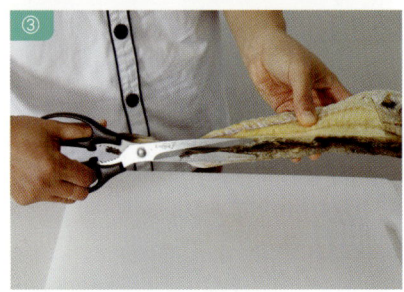

- 불린 북어는 머리, 꼬리, 지느러미를 자르고 칼로 큰 가시를 제거하고 등쪽에 잔 칼집을 넣어 준다.

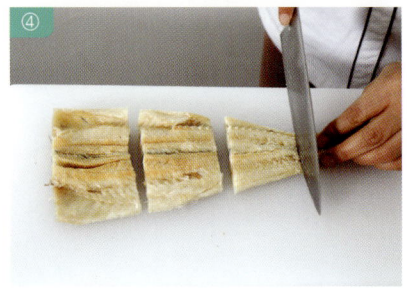

- 손질한 북어를 3등분으로 자른다.

🧂 **유장:** 참기름과 간장 3:1 비율로 만든다.

- 3등분한 북어를 유장처리 하여 석쇠에 타지 않게 구워준다.

🧂 **양념:** 고추장 2큰술, 설탕 1큰술, 간장 1/2작은술, 파, 마늘, 생강, 후추가루, 참기름 2/3작은술을 넣고 농도는 물 1작은술로 맞춘다.

- 초벌한 북어를 석쇠에 놓고 양념장을 바른다.

- 석쇠에 놓고 중불에서 타지 않게 구워준다.
- 구운 북어에 양념을 한번 더 발라 구워준다.

- 완성 접시에 담아 낸다.

 ## 생선양념구이

시험시간: **30분**

합격포인트

- 생선 내장은 아가미를 제거하면서 같이 제거한다.
- 생선 턱선이 떨어지지 않게 한다.
- 중불에서 타지 않게 오래 구워야 한다.
- 모든 양념구이는 양념을 발라 두 번 구워준다.

지급재료목록

조기(100g~120g) 1마리
진간장 20ml
대파(흰부분4cm) 1토막
마늘 중(깐 것) 1쪽
고추장 40g
흰설탕 5g
깨소금 5g
참기름 5ml
소금(정제염) 20g
검은후춧가루 2g
식용유 10ml

 ## 요구사항

※ **주어진 재료를 사용하여 다음과 같이 생선양념구이를 만드시오.**

가. 생선은 머리와 꼬리를 포함하여 통째로 사용하고 내장은 아가미쪽으로 제거하시오.

나. 칼집 넣은 생선은 유장으로 초벌구이하고, 고추장양념으로 석쇠에 구우시오.

다. 생선구이는 머리 왼쪽, 배 앞쪽 방향으로 담아내시오.

조리과정

- 생선은 비늘을 제거하고 흐르는 물에 씻어 면포로 물기를 닦아 준다.

- 지느러미를 제거하고 아가미 쪽에 손가락을 넣어 아가미와 내장을 한꺼번에 꺼집어 낸다.
- 생선을 흐르는 물에 한번 더 씻어 주고 면포에 감싸 물기를 제거한다.

- 생선 등에 1cm 간격으로 3번 정도 칼집을 넣어 소금으로 밑간을 한다.

- 파, 마늘을 곱게 다진다.

유장: 참기름과 간장 3:1 비율로 만든다.

양념: 고추장 2큰술, 설탕 1큰술, 간장 1/2작은술, 깨소금, 참기름 2/3작은술, 후춧가루, 파, 마늘, 물 1작은술로 농도를 맞춘다.

- 밑간한 생선을 유장에 재운다.

- 석쇠를 달구어 식용유를 바르고 유장한 생선을 초벌구이 한다.

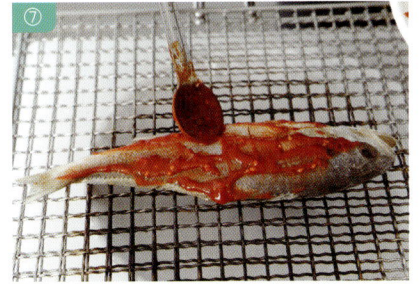
- 초벌한 생선에 양념을 하여 타지 않게 구워준다.

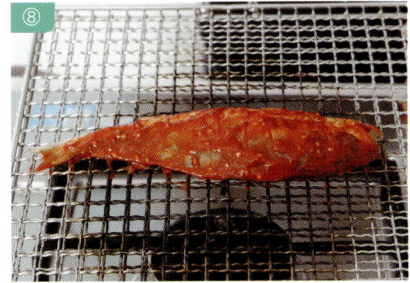
- 구운 생선에 양념을 한번 더 발라 구워준다.
- 뒤집게를 이용해서 생선양념구이를 완성 접시에 옮겨 담는다.

제육구이

시험시간: **30분**

💬 합격포인트

- 완성 고기는 0.4 × 4 × 5cm가 되도록 한다.
- 제육구이는 양념을 두 번 발라 구워준다.
- 석쇠에 고기를 0.5cm 정도 겹쳐 놓고 구워야 가장자리가 타지 않는다.

지급재료목록

돼지고기(등심 또는 볼깃살) 150g
고추장 40g
진간장 10ml
대파(흰부분4cm) 1토막
마늘 중(깐 것) 1쪽
검은후춧가루 2g
흰설탕 15g
깨소금 5g
참기름 5ml
생강 10g
식용유 10ml

 ### 요구사항

※ 주어진 재료를 사용하여 다음과 같이 제육구이를 만드시오.

가. 완성된 제육은 0.4cm x 4cm x 5cm로 하시오.
나. 고추장 양념하여 석쇠에 구우시오.
다. 제육구이는 전량 제출하시오.

조리과정

- 돼지고기는 핏물을 제거하고 0.4 × 4 × 5cm 로 포를 뜬다.

- 고기를 앞, 뒤 칼등으로 두들기고 칼집을 넣어 0.4 × 5 × 6cm로 자른다.

- 파, 마늘은 곱게 다진다.

양념: 고추장 2큰술, 설탕 1큰술, 간장 1/2작은술, 파, 마늘, 생강즙 1/2작은술, 후추가루, 참기름 2/3작은술을 넣고 농도는 물 1작은술로 맞춘다.

- 자른 돼지고기를 양념에 재운다.

- 석쇠를 달구어 식용유를 살짝 발라주고 양념에 재운 고기를 0.5cm 정도 겹쳐 놓는다.

- 타지 않게 중불에서 구워준다.
- 초벌로 구운 고기는 양념을 한번 더 발라 구워준다.

- 완성 접시에 담아 낸다.

출/제/기/준

분류번호	1301010130_21v4
능력단위 명칭	한식 숙채조리
능력단위 정의	• 한식 숙채조리란 채소를 손질하여 물에 데치거나 삶아 양념으로 무치거나 볶아서 조리할 수 있는 능력이다.

능력단위요소	수행준거
1301010130_21v4.1 숙채 재료 준비하기	1.1 숙채의 종류에 맞추어 도구와 재료를 준비할 수 있다. 1.2 조리에 사용하는 재료를 필요량에 맞게 계량할 수 있다. 1.3 재료에 따라 요구되는 전처리를 수행할 수 있다.
1301010130_21v4.2 숙채 조리하기	2.1 양념장 재료를 비율대로 혼합, 조절할 수 있다. 2.2 조리법에 따라서 삶거나 데칠 수 있다. 2.3 양념이 잘 배합되도록 무치거나 볶을 수 있다.
1301010130_21v4.3 숙채 담기	3.1 숙채에 따라 색, 형태, 분량 등을 고려하여 그릇을 선택할 수 있다. 3.2 숙채의 색, 형태, 재료, 분량을 고려하여 그릇에 담아낼 수 있다. 3.3 조리종류에 따라 고명을 올리거나 양념장을 곁들일 수 있다.

메모

잡채

시험시간: **35분**

합격포인트

- 모든 채소는 0.3 × 6cm 채썰기 한다.
- 재료는 썰고 양념하여 각각 볶아 대접에 담아 버무린다.
- 당면은 삶아서 익혀 한번 잘라서 양념한다.

지급재료목록

당면 20g
소고기(살코기, 길이 7cm) 30g
건표고버섯(지름 5cm, 물에 불린 것) 1개
건목이버섯(지름 5cm, 물에 불린 것) 2개
양파(중, 150g) 1/3개
오이(가늘고 곧은 것, 길이 20cm) 1/3개
당근(곧은 것, 길이 7cm) 50g
통도라지(껍질 있는 것, 길이 20cm) 1개
숙주(생 것) 20g, 흰설탕 10g
대파(흰부분 4cm) 1토막
마늘 중(깐 것) 1쪽
진간장 20ml, 식용유 50ml
깨소금 5g, 검은후춧가루 1g
참기름 5ml, 소금(정제염) 15g
달걀 1개

 요구사항

※ **주어진 재료를 사용하여 다음과 같이 잡채를 만드시오.**

가. 소고기, 양파, 오이, 당근, 도라지, 표고버섯은 0.3cm × 0.3cm × 6cm 로 썰어 사용하시오.
나. 숙주는 데치고 목이버섯은 찢어서 사용하시오.
다. 당면은 삶아서 유장 처리하여 볶으시오.
라. 황·백지단은 0.2cm × 0.2cm × 4cm로 썰어 고명으로 얹으시오.

조리과정

- 숙주는 거두절미하여 데쳐서 헹구어 소금, 참기름으로 밑간한다.

- 도라지는 껍질을 제거하고 0.3 × 0.3 × 6cm로 채썰어 소금물에 절인다.
- 오이는 돌려깎기하여 0.3 × 0.3 × 6cm로 채썰어 소금물에 절인다.
- 당근은 0.3 × 0.3 × 6cm로 채썰어 소금과 참기름으로 밑간한다.
- 양파는 6cm 길이로 얇게 채썬다.

- 파, 마늘을 곱게 다진다.
- 고기와 표고는 0.3 × 0.3 × 6cm로 채썰기 하여 양념한다.
- 목이버섯은 0.3~0.5cm 채썰기 하여 양념한다.

- 냄비에 물을 올려 끓으면 당면을 삶아 헹구고 간장, 참기름 설탕 ,1/2작은술씩 넣어 밑간을 한다.

소고기, 표고, 목이버섯 양념: 간장 1큰술, 설탕 1/2큰술, 파, 마늘, 깨소금, 후춧가루, 참기름 1/2작은술을 넣어 만든다.

- 달걀은 황, 백으로 분리하여 황, 백지단을 부친다.

- 팬에 식용유를 1큰술 넣고 도라지 〉 양파 〉 오이 〉 당근 〉 당면 〉 표고 〉 목이 〉 고기 순으로 각각 볶아 대접에 담는다.

- 대접에 볶은 재료를 담고 버무려 완성 접시에 담는다.

- 지단은 0.2 × 0.2 × 4cm로 채썰기 하여 고명으로 올려 담아낸다.

 # 탕평채

시험시간: **35분**

🗨️ 합격포인트

- 청포묵은 0.4 × 0.4 × 6cm로 썰어 데쳐서 사용한다.
- 숙주는 거두절미하여 데쳐서 사용한다.
- 소고기는 0.2 × 5cm로 채썰기하여 양념한다.

지급재료목록

청포묵 중(길이 6cm) 150g
소고기(살코기, 길이 5cm) 20g
숙주(생 것) 20g
미나리(줄기 부분) 10g
달걀 1개 김 1/4장
진간장 20ml 마늘 중(깐 것) 2쪽
대파(흰부분4cm) 1토막
검은후춧가루 1g
참기름 5ml
흰설탕 5g
깨소금 5g
식초 5ml
소금(정제염) 5g
식용유 10ml

 ### 요구사항

※ **주어진 재료를 사용하여 다음과 같이 탕평채를 만드시오.**

가. 청포묵은 0.4cm x 0.4cm x 6cm로 썰어 데쳐서 사용하시오.
나. 모든 부재료의 길이는 4~5cm로 써시오.
다. 소고기, 미나리, 거두절미한 숙주는 각각 조리하여 청포묵과 함께 초간장으로 무쳐 담아내시오.
라. 황·백지단은 4cm 길이로 채썰고, 김은 구워 부셔서 고명으로 얹으시오.

조리과정

- 숙주는 거두절미하여 데쳐서 헹구어 소금, 참기름으로 밑간한다.

- 미나리는 잎을 제거하고 줄기만 데쳐서 헹구어 길이 4cm로 썬다.

- 청포묵은 0.4 × 0.4 × 6cm로 썰어 데쳐서 헹구어 소금, 참기름으로 밑간한다.

- 파, 마늘은 곱게 다진다.
- 고기는 핏물을 제거하고 가늘게 채썰기 하여 양념한다.

고기 양념: 간장 1작은술, 설탕 1/2작은술, 파, 마늘, 후추가루, 참기름 1/2작은술 약간씩 넣어 만든다.

- 달걀은 황, 백지단으로 부쳐 0.2 × 4cm로 채 썰기 한다.
- 김은 살짝 구워 손으로 잘게 부순다.

- 팬에 식용유 1큰술을 두르고 양념한 고기를 볶는다.

- 대접에 숙주, 미나리, 고기를 담고 초간장을 넣어 버무린다.

- 완성 접시에 담고 지단 고명을 올려 낸다.

초간장: 간장 1작은술, 식초 1작은술, 설탕 1/2작은술을 넣어 만든다.

칠절판

시험시간: **40분**

합격포인트

- 전병은 밀가루와 물을 1:1.2 비율로 한다.
- 황, 백지단은 말아서 채썰기 한다.
- 모든 재료는 0.2cm로 가늘게 채썰기 한다.
- 밀전병은 반죽 1큰술을 떠서 직경 8cm 크기로 만든다.

지급재료목록

 ### 요구사항

소고기(살코기, 길이 6cm) 50g
오이(가늘고 곧은 것, 길이 20cm) 1/2개
당근(곧은 것, 길이 7cm) 50g
석이(부서지지 않은 것 마른 것) 5g
달걀 1개
석이버섯(부서지지 않은 것 마른 것) 5g
밀가루(중력분) 50g
진간장 20ml
마늘 중(깐 것) 2쪽
대파(흰부분4cm) 1토막
검은후춧가루 1g
참기름 10ml, 흰설탕 10g
깨소금 5g, 식용유 30ml
소금(정제염) 10g

※ **주어진 재료를 사용하여 다음과 같이 칠절판을 만드시오.**

가. 밀전병은 지름이 8cm가 되도록 6개를 만드시오.
나. 채소와 황·백지단, 소고기는 0.2cm x 0.2cm x 5cm로 써시오.
다. 석이버섯은 곱게 채를 써시오.

조리과정

- 석이버섯은 미지근한 물로 불린 다음 소금으로 이끼와 이물질을 제거한 다음 뿌리부분을 제거하고 채썰어 소금, 참기름으로 밑간한다.

- 오이는 소금으로 문질러 씻어 5cm로 썰고 돌려깎기 하여 0.2cm로 채썰어 소금에 절이고 헹군다.
- 당근은 0.2 × 5cm로 채썰어 소금, 참기름으로 밑간한다.

- 고기는 0.2 × 5cm로 채썰어 양념한다.

- 밀가루와 물을 1:1.2 비율로 하여 소금으로 간하고 체에 한번 내린다.
- 파, 마늘을 곱게 다진다.

고기 양념: 간장 1작은술, 설탕 1/2작은술, 파, 마늘, 후춧가루, 깨소금, 참기름을 넣어 만든다.

- 팬에 식용유를 코팅하고 반죽 1큰술을 떠서 직경 8cm 크기로 둥글고 얇은 밀전병을 만든다.

- 달걀은 황, 백지단으로 부쳐 5cm 폭으로 썰고 말아서 0.2cm로 채썬다.

- 팬에 식용유를 두르고 오이 > 당근 > 석이 > 고기 순으로 볶는다.

- 완성 접시 중앙에 밀전병을 담고 색을 맞추어 돌려 담는다.

한식
볶음 조리

출/제/기/준

분류번호	1301010126_21v4
능력단위 명칭	한식 볶음조리
능력단위 정의	• 한식 볶음 조리란 육류, 어패류, 채소류 등에 간장이나 고추장 양념을 넣어 재료에 맛이 충분히 배도록 볶음조리를 할 수 있는 능력이다.

능력단위요소	수행준거
1301010126_21v4.1 볶음 재료 준비하기	1.1 볶음조리에 따라 도구와 재료를 준비할 수 있다. 1.2 조리에 사용하는 재료를 필요량에 맞게 계량할 수 있다. 1.3 볶음조리의 재료에 따라 전처리를 수행할 수 있다. 1.4 양념장 재료를 비율대로 혼합, 조절하여 만들 수 있다. 1.5 필요에 따라 양념장을 숙성할 수 있다.
1301010126_21v4.2 볶음 조리하기	2.1 조리종류에 따라 준비한 도구에 재료와 양념장을 넣어 기름으로 볶을 수 있다. 2.2 재료와 양념장의 비율, 첨가 시점을 조절할 수 있다. 2.3 재료가 눌어붙거나 모양이 흐트러지지 않게 화력을 조절하여 익힐 수 있다.
1301010126_21v4.3 볶음 담기	3.1 볶음에 따라 색, 형태, 분량 등을 고려하여 그릇을 선택할 수 있다. 3.2 그릇형태에 따라 조화롭게 담아낼 수 있다. 3.3 볶음조리에 따라 고명을 얹어 낼 수 있다.

오징어볶음

시험시간: **30분**

합격포인트

- 완성한 오징어는 4 × 1.5cm로 되게 한다.
- 오징어는 0.3cm 폭으로 대각선 칼집을 넣는다.
- 볶은 양파는 숨이 죽지 않아야 한다.

지급재료목록   **요구사항**

물오징어(250g) 1마리
소금(정제염) 5g
진간장 10ml, 흰설탕 20g
참기름 20ml, 깨소금 5g
풋고추(길이 5cm 이상) 1개
홍고추(생) 1개
양파 중(150g) 1/3개
마늘 중(깐 것) 2쪽
대파(흰부분 4cm) 1토막
생강 5g
고춧가루 15g
고추장 50g
검은후춧가루 2g
식용유 30ml

※ **주어진 재료를 사용하여 다음과 같이 오징어 볶음을 만드시오.**

가. 오징어는 0.3cm 폭으로 어슷하게 칼집을 넣고, 크기는 4cm × 1.5cm 로 써시오.
(단, 오징어 다리는 4cm 길이로 자른다.)

나. 고추, 파는 어슷썰기, 양파는 폭 1cm로 써시오.

조리과정

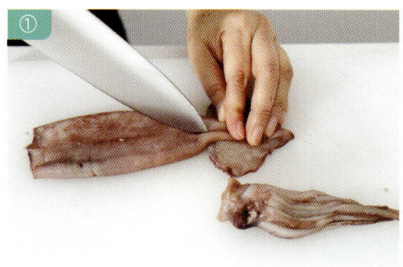

- 오징어는 배를 갈라 내장을 제거하고 흐르는 물에 씻어 몸통과 다리를 분리한다.

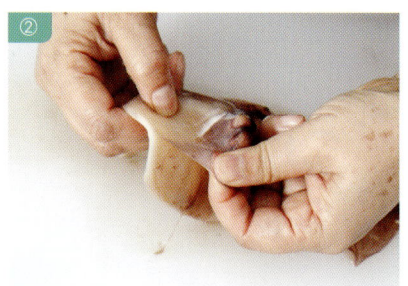

- 오징어 몸통 껍질을 제거해 준다.

- 몸통 내장쪽에 가로, 세로 0.3cm 간격으로 대각선 칼집을 넣어 솔방울 모양으로 만든다.

- 칼집을 넣은 오징어는 2 × 5cm 크기로 자르고, 다리는 5cm 길이로 자른다.

- 양파는 폭 1cm로 썬다.
- 청, 홍고추는 폭 0.5cm, 길이 4cm 정도 어슷 썰어 고추씨를 제거한다.
- 대파도 어슷썰기 한다.

- 마늘, 생강은 곱게 다진다.

- 팬에 식용유 1큰술을 두르고 양파를 넣고 살짝 볶다가 오징어를 넣어 볶는다.

- 오징어가 돌돌 말리면 양념을 넣어 볶아준 다음 청, 홍고추, 대파를 넣어 살짝 볶아준다.
- 완성 접시에 담아낸다.

양념: 고추장 2큰술, 설탕 1큰술, 간장 1/2작은술, 고춧가루 1작은술, 파, 마늘, 생강, 깨소금, 후춧가루, 참기름 1작은술을 넣어 만든다.

출/제/기/준

분류번호	1301010111_21v4
능력단위 명칭	김치 조리
능력단위 정의	• 김치 조리란 무, 배추, 오이 등과 같은 채소를 소금이나 장류에 절여 고추, 파, 마늘, 생강, 젓갈 등 여러 가지 양념에 버무려 숙성시켜 저장성을 갖는 발효식품을 만드는 능력이다.

능력단위요소	수행준거
1301010111_21v4.1 김치 재료 준비하기	1.1 김치의 종류에 맞추어 도구와 재료를 준비할 수 있다. 1.2 김치에 사용하는 재료를 필요량에 맞게 계량 할 수 있다. 1.3 재료에 따라 요구되는 전처리를 수행 할 수 있다. 1.4 배추나 무 등의 김치 재료를 적정한 시간과 염도에 맞춰 절일 수 있다.
1301010111_21v4.2 김치양념 배합하기	2.1 김치종류에 따른 양념 재료를 비율대로 혼합, 조절할 수 있다. 2.2 김치종류, 저장기간에 따라 양념의 비율을 조절할 수 있다. 2.3 양념을 용도에 맞게 활용할 수 있다.
1301010111_21v4.3 김치 조리하기	3.1 김치의 특성에 맞는 주재료에 부재료와 양념의 비율을 조절하여 소를 넣거나 버무릴 수 있다. 3.2 김치의 종류에 따라 국물의 양을 조절할 수 있다. 3.3 온도와 시간을 조절하여 숙성시켜 보관할 수 있다.
1301010111_21v4.3 김치 담기	4.1 김치의 종류에 따라 다양한 그릇을 선택할 수 있다. 4.2 적정온도를 유지하도록 그릇에 담을 수 있다. 4.3 김치의 종류에 따라 조화롭게 담아낼 수 있다.

 배추김치

시험시간: **35분**

💬 합격포인트

- 무는 0.3 0.3 × 5cm로 채 썰어 고춧가루로 버무려 색을 들인다.
- 마늘, 생강, 새우젓은 다진다.
- 배추 바깥잎으로 전체를 감싸서 담아낸다.
- 배춧잎 사이사이에 소를 고르게 채워 넣는다.
- 배추 바깥잎으로 전체를 싸서 담아낸다.

지급재료목록

절임배추(포기당 2.5~3kg) 1/4포기
무(길이 5cm 이상) 100g
실파 20g
갓(적겨자 대체가능) 20g
미나리(줄기부분) 10g
찹쌀가루(건식가루) 10g
새우젓 20g
멸치액젓 10ml
대파(흰부분4cm) 1토막
마늘 중(깐 것) 2쪽
생강 10g
고춧가루 50g
소금(정제염) 10g
흰설탕 10g

 요구사항

※ **주어진 재료를 사용하여 다음과 같이 배추김치를 만드시오.**

가. 배추는 씻어 물기를 빼시오.
나. 찹쌀가루로 찹쌀풀을 쑤어 식혀 사용하시오.
다. 무는 0.3cm × 0.3cm × 5cm 크기로 채 썰어 고춧가루로 버무려 색을 들이시오.
라. 실파, 갓, 미나리, 대파(채썰기)는 4cm로 썰고, 마늘, 생강, 새우젓은 다져 사용하시오.
마. 소의 재료를 양념하여 버무려 사용하시오.
바. 소를 배춧잎 사이사이에 고르게 채워 반을 접어 바깥 잎으로 전체를 싸서 담아내시오.

조리과정

- 절인 배추를 씻어 속 부분이 밑으로 엎어 물기를 뺀다.

- 건찹쌀가루 2/3큰술에 물 1컵을 부어 찹쌀풀을 쑤어 식힌다.

- 무는 0.3 × 0.3 × 5cm로 채 썰어 고춧가루 1/2큰술로 버무려 색을 들인다.

- 실파, 갓, 미나리는 길이 4cm로 썬다.
- 대파는 길이 4cm로 썰어 채썰기 한다
- 마늘, 생강, 새우젓은 다진다.

양념: 마늘, 생강, 찹쌀풀 5큰술, 새우젓 1큰술, 멸치액젓 2/3큰술, 고춧가루 2/3컵, 설탕 2/3큰술을 넣어 양념장을 만들고 소금으로 간을 맞춘다.

- 물들인 무채, 실파, 갓, 미나리, 대파에 양념을 넣어 버무린다.

- 배춧잎 사이사이에 버무린 양념소를 고르게 채운다.

- 양념한 배추를 반을 접어 바깥 잎으로 전체를 싸서 담아낸다.

오이소박이

시험시간: **20분**

합격포인트

- 오이를 자르고 평평하게 놓아 칼을 세워 칼집을 넣는다.
- 오이를 진한 소금물에 재운다.
- 오이소박이를 만들 때 양념을 집어 젓가락을 뉘여 칼금 안으로 넣는다.

지급재료목록

 요구사항

오이 가는것(20cm정도) 1개
부추 20g
새우젓 10g
고춧가루 10g
대파(흰부분4cm 정도) 1토막
마늘 중(깐 것) 1쪽
생강 10g
소금(정제염) 50g

※ **주어진 재료를 사용하여 다음과 같이 오이소박이를 만드시오.**

가. 오이는 6cm길이로 3토막 내시오.
나. 오이에 3~4갈래 칼집을 넣을 때 양쪽 끝이 1cm 남도록 하고, 절여 사용하시오.
다. 소를 만들 때 부추는 1cm 길이로 썰고, 새우젓은 다져 사용하시오.
라. 그릇에 묻은 양념을 이용하여 국물을 만들어 소박이 위에 부어내시오.

조리과정

- 오이를 통째로 소금으로 물질러 씻어 길이 6cm로 3개 만든다.

- 오이를 도마에 놓고 칼날을 세워 양끝 1cm 정도 남기고 십자모양으로 칼집을 낸다.

- 진한 소금물에 절인다.

- 부추는 0.5cm로 썬다.
- 새우젓은 다진다.
- 파, 마늘, 생강은 곱게 다진다.

양념: 새우젓 다진 것 1큰술, 고춧가루 1큰술, 파, 마늘, 생강, 소금 1/2작은술, 물로 농도를 맞추고 부추를 넣어 버무린다.

- 절인 오이를 씻어 물기를 제거하고 쇠 젓가락을 이용하여 십자 칼금 사이사이에 양념을 넣는다.

- 남은 양념은 오이소박이 겉에 묻혀주고 물 2큰술을 넣어 김치 국물을 만든다.

- 완성 그릇에 담고 김치 국물을 2큰술 정도 부어 낸다.

저자소개

주명희

영산대학교 조리예술 석사과정
예인푸드아카데미학원장
제22회 한국음식관광박람회 대통령상
대한민국한식포럼 한식대가
한식조리산업기사 외 다수

이선미

경기대학교 대체이학과 석사
대한민국 한식 조리명인
더담식문화자원연구소 대표
한국 국제요리경영대회 떡한과 국무총리상
제22회 한국음식관광박람회 대통령상

임정임

대한민국 한식협회 한식대상
대한민국 한식협회 흑염소조리 명인
한식교육 지도사
제 8, 9, 10회 세계 한식요리 경연대회 "금상" 수상
수양 농장가든 대표

김경숙

동국대학교 조리교육 석사
부산명인협회 사찰음식명인
부산조리중앙회 조리교육 명인
한식교강사
미래원 쿠킹 스튜디오 대표

김정숙

영산대학교 석사과정
경남여성능력개발센터 강사
전국 차음식요리경영 대상
경남 기능대회 카빙부분 2위
아시아외식 연합회 이사

황희경

부산여자대학교 졸업
대한민국 국제요리&제과 경영대회 금상
한식, 양식, 중식, 떡, 복어 조리기능사 취득
부산요리전문학원 강사

곽정순

동아대학교 식품영양학과 이학 석·박사
대한민국 국가공인 조리기능장
한국산업인력공단 조리기능사, 기사, 기능장 감독위원
대동대학교 호텔외식조리학과 겸임
부산요리전문학원장

한식조리기능사 실기
___

초판 1쇄 인쇄 2024년 1월 23일
초판 1쇄 발행 2024년 1월 26일

지은이 주명희 이선미 임정임 김경숙 김정숙 황희경 곽정순
펴낸이 김재광
펴낸곳 솔과학
편 집 다락방
영 업 최회선
디자인 miro1970@hotmail.com
등 록 제02-140호 1997년 9월 22일
주 소 서울특별시 마포구 독막로 295번지 302호(염리동 삼부골든타워)
전 화 02)714-8655
팩 스 02)711-4656
E-mail solkwahak@hanmail.net

ISBN 979-11-92404-72-1 93590

ⓒ 솔과학, 2024
값 20,000원

이 책의 내용 전부 또는 일부를 이용하려면 반드시 저작권자와 도서출판 솔과학의 서면 동의를 받아야 합니다.